全世界无产者，联合起来！

张亮 乔茂林 编著

《共产党宣言》
传播史

江苏人民出版社

图书在版编目（CIP）数据

《共产党宣言》传播史 / 张亮, 乔茂林编著. -- 南京：江苏人民出版社, 2018.5（2021.4 重印）
ISBN 978-7-214-21928-2

Ⅰ.①共… Ⅱ.①张… ②乔… Ⅲ.①《共产党宣言》—马恩著作研究 Ⅳ.① A811.22

中国版本图书馆 CIP 数据核字(2018) 第 083474 号

书　　名	《共产党宣言》传播史
编 著 者	张　亮　乔茂林
责任编辑	陈　颖　戴亦梁　黄　山
装帧设计	刘莘莘
出版发行	江苏人民出版社
地　　址	南京市湖南路1号A楼，邮编：210009
网　　址	http://www.jspph.com
照　　排	江苏凤凰制版有限公司
印　　刷	江苏凤凰通达印刷有限公司
开　　本	890毫米×1240毫米　1/32
印　　张	7　插页4
字　　数	140千字
版　　次	2018年5月第1版
印　　次	2021年4月第2次印刷
标准书号	ISBN 978-7-214-21928-2
定　　价	48.00（精装）

（江苏人民出版社图书凡印装错误可向承印厂调换）

《共产党宣言》与新时代理论创新(代序)*

张 亮

宣言是1789年法国大革命后西方相当流行的一种政治文体。回望当年层出不穷的各种宣言,能够穿越历史烟云至今仍被我们的时代知晓的为数很少,能够对我们时代产生某种程度影响的更属凤毛麟角,能够依然照耀我们的时代、为我们提供信仰和理论引领的,唯有《共产党宣言》!《共产党宣言》为什么能够成就其伟大?客观方面的原因在于《共产党宣言》诞生于一个需要经典也能够产生经典的伟大时代;主观方面的原因在于马克思是一个能够准确把握、完美回答时代问题的理论创新者,是那个伟大时代的最佳代言人。170年后的今天,身处伟大新时代的我们应当如何纪念《共产党宣言》?重读其文本,再思其理论,当然必不可少。更重要的是我们应当以马克思为师,像他那样进行理论创新,不辜负伟大新时代,交出让人民满意的理论答卷。

《共产党宣言》表明,理论创新是应运而生的,我们需

---

* 原载于《中国社会科学报》2018年4月12日第1版。

要准确把握时代方位,将个人的思想生产与时代的迫切需要统一起来。马克思是一位勤奋而严谨的作者,绝不轻易公开发表作品,往往几易其稿却最终仍决定将手稿束之高阁,让老鼠的牙齿去批判。《共产党宣言》是马克思在1848年1月激情创作而成的,其间他还在处理其他事务。马克思为什么会一反常态、迅速将《共产党宣言》修改定稿?说到底,是因为他敏锐地察觉到1848年革命的高潮正在来临,热切期待自己的作品能够及早公之于众,加速推动革命走向高潮乃至胜利。2月24日,《共产党宣言》在伦敦正式印刷出版。就在此前两天,法国二月革命爆发,紧接着革命浪潮迅速波及几乎整个欧洲,在此过程中,应运而生的《共产党宣言》发挥了积极的作用。时势造英雄。个人只有将自己的活动与历史的发展趋势统一起来,才能超越个人的有限性,发挥更大的历史作用。思想生产也是如此。当代中国理论工作者需要审时度势,准确把握我们所处的时代方位,清醒认识到这是一个需要理论创新也能够实现理论创新的伟大时代,勇于为时代代言,让自己的理论创新成果发挥更大的作用。

《共产党宣言》表明,理论创新绝不是价值中立的,我们需要牢记使命,始终为人民和党做学问。《共产党宣言》高度评价资产阶级曾发挥过的重要历史作用,肯定"资产阶级在它的不到一百年的阶级统治中所创造的生产力,比过去一切世代创造的全部生产力还要多,还要大"。但《共产党宣言》最终的结论是,资产阶级社会的内部矛盾已经达到不可调和的地步,只有消灭私有制,才能最终解决这种矛盾,

"资产阶级的灭亡和无产阶级的胜利是同样不可避免的"。半个世纪后的第二国际修正主义者对《共产党宣言》提出激烈批评,认为它对两个必然的实现时间和实现方式的预见不够科学,或者说是错误的。这种所谓批评不过暴露出批评者本身的理论幼稚病,即想当然地认为哲学社会科学理论应当是科学的并因而是价值中立的。马克思毕生探求对人类社会的科学认识。当他转向共产主义后,这种科学探索便与无产阶级解放和人类解放的伟大事业统一起来。正因为如此,马克思才超越了那些虚幻地追求所谓普遍真理的同时代人,成为千年思想家。当代中国理论工作者应当像马克思那样,始终牢记初心和使命,为人民和党做学问、创新理论,为实现"两个一百年"奋斗目标、实现中华民族伟大复兴的中国梦,做出自己应有的理论贡献。

《共产党宣言》表明,理论创新只能从问题开始,我们需要发现并说出时代的理论痛点。《共产党宣言》是马克思在恩格斯起草的《共产主义信条草案》(1847年6月)、《共产主义原理》(1847年11月)基础上再创作、修订定稿而成的。较之于后两个文献,《共产党宣言》最显著的变化就是增加了几乎全新的"三、社会主义的和共产主义的文献""四、共产党人对各种反对党派的态度"两章内容。马克思为什么要增加这两章?从根本上讲,是因为他在把正义者同盟改造成共产主义者同盟的实践中深刻认识到,只有用科学的理论改造、武装同盟,同盟才能从无产阶级自发形成的秘密社团转变为自觉的无产阶级政党,换言之,理论建党、思想建党是创建新型无产阶级政党必须解决的问题。历史已经证明，马克思发现和解决的这个问题是多么重要！事实上，马克思一向认为，理论创新只能从问题开始。他深刻指出："主要的困难不是答案，而是问题。""问题就是时代的口号，是它表现自己精神状态的最实际的呼声。"人们常说，做学问"板凳需坐十年冷"。但坐冷板凳并不等于枯坐象牙塔。当代中国理论工作者必须明白，只有走出象牙塔，走进人民的生活，才能聆听到时代的声音，有效回应时代的呼唤，发现、提出进而解决重大而紧迫的问题。只要我们发现并说出时代的理论痛点，我们的理论工作就可能把握住历史脉络，找到发展规律，推动理论创新。

《共产党宣言》表明，理论创新要体现时代性，我们需要找到最符合时代精神特征的理论路径。社会主义思想的形成和发展与资本主义社会及其科学文化的发展具有同步性。19世纪之前的空想社会主义或借助宗教、文学，或依据新兴政治观念、哲学理念，批评资本主义。恩格斯指出，这种"不成熟的理论，是和不成熟的资本主义生产状况和不成熟的阶级状况相适应的"。19世纪初的空想社会主义感受到了近代自然科学的发展正在深刻改变人们的世界观和认识论，已经出现了以科学化的方式来阐述社会主义的新动向。马克思顺应时代潮流的发展，充分继承同时代哲学社会科学以及自然科学的思想精华，创立历史唯物主义，从而使社会主义彻底摆脱空想成为一门真正的科学，科学社会主义也因此最终战胜空想社会主义成为无产阶级革命的指导思想。当代中国理论工作者应当像马克思那样,让自己的理论创新充分体现时代性。包容并蓄是我们身处其中的伟大新时代的基本精神特征。因此,我们所要体现的时代性一定不是照搬照套西方的,而是融通古今中外的,其中既有马克思主义的资源,也有中华优秀传统文化的资源,还有当代国外哲学社会科学的资源。只要我们坚持以不忘本来、吸收外来、面向未来为基本遵循切实推进理论创新,伟大新时代的时代性就将通过我们的创新成果迅速崭露出来。

《共产党宣言》表明,理论创新只有征服人民才能变成巨大的物质力量,我们需要用最能打动人民的形式来呈现理论创新成果。《共产党宣言》是伟大的理论经典,也是成功的文学作品。它的文学创作有三个特点:结构明晰,让人可以一目了然地明白它究竟要说什么;修辞准确、有力,成功传达出了自己的革命意图,让人过目难忘;富于韵律感,朗朗上口,易于记诵。《共产党宣言》问世后至今已翻译成200多种文字,再版1000多次,在马克思主义的传播史上发挥了其他经典难以媲美的巨大作用。《共产党宣言》的传播为什么会如此广泛?真理性毫无疑问是第一位的,但能够满足人民需要的呈现形式也是不能忽略的。马克思指出,"批判的武器当然不能代替武器的批判,物质力量只能用物质力量来摧毁,但是理论一经掌握群众,也会变成物质力量"。理论如何才能变成巨大的物质力量?前提是被群众掌握。理论不管有多高深、多精妙,如果不能被群众掌握,就只能像唐僧历经千难万险从西天取回来的真经那样,被供奉在大雁塔中,迅速被人遗忘。理论要想被群众掌握，首先就要找到符合人民需要、能够打动人民心灵的形式。《共产主义信条草案》《共产主义原理》为什么都采用问答体？因为这是当时欧洲工人阶级最熟悉、最容易接受的文体形式。马克思为什么会精心设计《共产党宣言》的文本结构和文体形式？因为这篇战斗的檄文是他为全欧洲的工人阶级创作的。当代中国理论工作者应当像马克思那样，在理论创新的时候把人民放在心中，按照人民的实际需要来选择呈现理论创新成果的恰当形式，只有这样，人民才会把我们的理论创新成果看进眼里，记在心里，挂在口头，化为行动。

目录

引言：走进《共产党宣言》.................. 1

一、璀璨的永恒魅力.......................... 3

二、宣言诞生的社会历史情境.............. 13

三、逐步演进的三个稿本.................... 31

四、宣言的三个基本理论.................... 47

五、不断发展的七篇序言.................... 65

六、在世界的传播历程....................... 83

七、在中国的传播历程....................... 107

八、巨大的当代影响力....................... 135

共产党宣言（节选）.......................... 151

《共产党宣言》传播年表.................... 197

引言：走进《共产党宣言》

约 200 年前的 1818 年 5 月 5 日凌晨 2 点，一个男婴诞生在当时普鲁士王国的古城特里尔。这个男婴就是卡尔·马克思（1818—1883）。17 年后他中学毕业时，师长在毕业证书上寄语马克思，希望他"发挥才能，无负众望"。

马克思没有让师长失望。1848 年 1 月，流亡布鲁塞尔的马克思满怀激情地修改着一篇文稿。这篇文稿后来成为 1789 年《人权宣言》发表后现代世界最重要的单篇政治文献，它正文的第一句话是："一个幽灵，共产主义的幽灵，在欧洲游荡"。这就是《共产党宣言》。170 年后，重新审视《共产党宣言》，人们依旧能够感受到强烈的思想震撼，就如同 1848 年人们初读它时一样。

特里尔坐落于摩泽尔河中游河谷，是德意志最古老的城市之一，甚至曾经是东罗马帝国（康斯坦丁二世）的首都。图为 19 世纪特里尔的城市景观

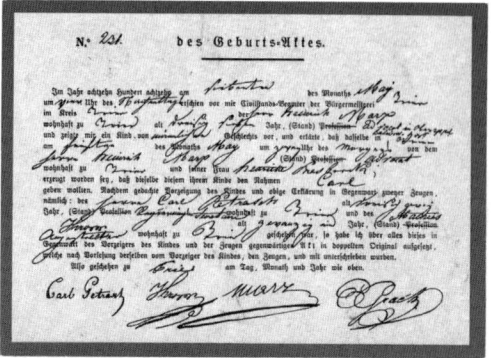

马克思的出生证明

1848年2月21日,《共产党宣言》德文第一版在伦敦以单行本问世,总印数约为几百册

2014年,中共中央编译局编译出版了《共产党宣言》中文版最新单行本,该版每年的印数都在10万册左右

一、璀璨的永恒魅力

《共产党宣言》具有世所公认的永恒魅力。这种永恒魅力可以从四个方面描述。

1. 光彩夺目的文学魅力

读《共产党宣言》,人们往往首先会被其文学魅力所吸引。英国牛津大学教授柏拉威尔就认为,《共产党宣言》是马克思写得最好的著作之一。他说:"马克思并不是总是写得这样出色,但是在他写得最好的时候,他表现出他能够掌握说教的和论辩的散文写作能力,这一点保证他的作品在思想和政治活动史上以及在德国文学史上都占有一席之地。"[1] 这个评价是中肯的。马克思、恩格斯特别是马克思的文学素养有目共睹,但他们的文学才能往往被其深刻的思辨所"遮蔽"。鉴于《共产党宣言》的宣传性质,马克思在最

---

[1] S.S.Prawer, *Karl Marx and World Literature*, Oxford: Oxford University Press, 1976, p.149.

后修改润色时投入了极大的心力，终于使其思想内容与文学形式达到完美统一。

《共产党宣言》的文学创作有三个特点。首先，结构明晰，让人可以一目了然地明白它究竟要说什么。其次，修辞准确、有力。中国的古话说，"修辞立其诚"。修辞本身并不是目的，而是为创作意图服务的。在《共产党宣言》中，马克思进行了大量修辞，成功传达出了自己的革命意图，让人过目难忘。对此，我们只须提它的开头和结尾的两句话就可以了："一个幽灵，共产主义的幽灵，在欧洲游荡。""全世界无产者，联合起来！"最后，富于韵律感。《共产党宣言》的德文原文富于德语特色的韵律之美，朗读起来极具抑扬顿挫之感，这一点在《共产党宣言》的第一段中表现得尤其显著。

让－马里·古斯塔夫·勒·克莱齐奥（1940— ），法国新寓言派代表作家，现今法国文坛的领军人物之一，2008年获得诺贝尔文学奖

2. 巨大的情感鼓舞力量

《共产党宣言》的情感鼓舞力量表现在能够激发一切被压迫者的情感，激励富有正义感的人们为人类的解放去不懈奋斗。《共产党宣言》最初是为被资产阶级压迫的工人阶级创作的。马克思、恩格斯写道："共产党人不屑于隐瞒自己的观点和意图。他们公开宣布：他们的目的只有用暴力推翻全部现存的社会制

度才能达到。让统治阶级在共产主义革命面前发抖吧。无产者在这个革命中失去的只是锁链。他们获得的将是整个世界。"[1] 不过，在其"征服"世界的过程中，《共产党宣言》却在事实上激发了一切被压迫者的情感，燃烧了正义人士的激情。2008年诺贝尔文学奖获得者勒·克莱齐奥对此有非常敏锐的观察："在阅读了《共产党宣言》的部分章节后，让我印象特别深刻的是，这一文本所体现出来的强大的力量，在思想上给人的一种强大的影响力。它实际上是对于当时世界上所有属于被压迫阶层的力量的一种唤醒和一种鼓励。"

1871年5月29日，也就是巴黎公社失败后的次日，工人诗人、巴黎公社的领导者之一欧仁·鲍狄埃怀着满腔热血创作了《国际歌》（原名《国际工人联盟》），艺术地诠释了《共产党宣言》的革命精神。1888年，皮埃尔·狄盖特为《国际歌》谱曲，这首共产主义的革命战歌开始在全世界广泛流传。许许多多的仁人志士就是听着《国际歌》投身革命与解放事业，或者唱着《国际歌》慷慨赴义的。

从上至下分别为《国际歌》词作者欧仁·鲍狄埃（1816—1888）和曲作者皮埃尔·狄盖特（1848—1932）

---

[1] 《马克思恩格斯文集》第2卷，人民出版社2009年版，第66页。

3. 引人入胜的乌托邦憧憬

托马斯·莫尔(1478—1535)，英国人文主义学者、政治家，英国历史上最伟大的100个名人之一。他的历史形象是多元的：他既因为创作了《乌托邦》被视为空想社会主义的创始人，又因为对天主教的忠诚而在1980年被罗马天主教会册封为圣徒

托马斯·莫尔于1515至1516年出使欧洲期间创作了一部虚构作品，名为《关于最完美的国家制度和乌托邦新岛的既有益又有趣的金书》，后人则将它简化为《乌托邦》。乌托邦（Utopia）是一个希腊词语，就词的构成而言，希腊语中，"ou"是"没有"的意思，"topos"是"地方"的意思，Utopia即意为"一个子虚乌有的地方"。在莫尔的笔下，这个没有的地方变成理想的、美好的国度。乌托邦也由此变成了一个既可指美好的理想又可指不切实际的幻想的词汇。

1880年，恩格斯应法国革命者的请求，将自己的三篇旧著改写成了一本通俗的小册子，翻译成法文，以"乌托邦社会主义和科学社会主义"（Socialisme utopique et Socialisme scientifique）之名出版。其中，科学社会主义指的是马克思和恩格斯开创的社会主义传统，而乌托邦社会主义则指马克思主义之前的社会主义传统。由此，在马克思主义传统中，乌托邦更多地和不切实际的空想联系到了一起，变成了一个贬义词。不过，在更广泛的意义上，人们依旧把科学社会主义理解为一种乌托邦，即一种不同于资本主义的美好社会。

共产主义是一种怎样的美好社会？晚年恩格斯在

一、璀璨的永恒魅力

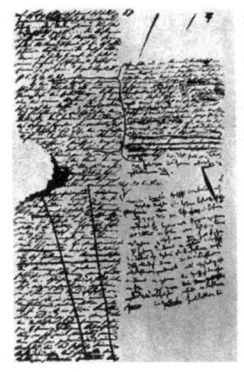
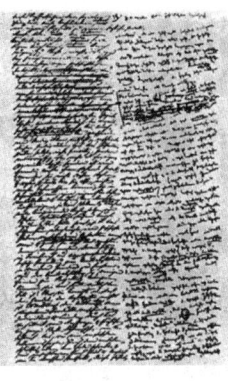

回答类似提问时,认为《共产党宣言》第二章最后一句话是对此最合适的回答:"代替那存在着阶级和阶级对立的资产阶级旧社会的,将是这样一个联合体,在那里,每个人的自由发展是一切人的自由发展的条件。"[1] 在这种美好社会里,人们因为摆脱了阶级对立而获得了真正的平等和自由,从阶级的成员变成了社会的个人,从而可以获得完全发展自己才能的手段,以最符合自己禀赋的方式来发现自己,实现自由。在《德意志意识形态》中,马克思、恩格斯还曾以更加形象的方式描述过共产主义社会中的生活:"在共产主义社会里,任何人都没有特殊的活动范围,而是都可以在任何部门内发展,社会调节着整个生产,因而使我有可能随自己的兴趣今天干这事,明天干那事,上午打猎,下午捕鱼,傍晚从事畜牧,晚饭后从事批

《德意志意识形态》是马克思和恩格斯在1845—1846年间合写的一部未完成文稿。在该文稿中,马克思和恩格斯第一次系统阐述了马克思主义哲学的基本原理,科学地论证了共产主义不是现实应当与之相适应的理想,而是消灭现存状况的现实的运动。左图为1938年郭沫若翻译的《德意志意识形态》费尔巴哈章,右边两幅图为马克思与恩格斯合著的《德意志意识形态》手稿原稿

---

[1] 《马克思恩格斯文集》第2卷,人民出版社2009年版,第53页。

判，这样就不会使我老是一个猎人、渔夫、牧人或批判者。"[1]一句话，共产主义"将给所有的人提供健康而有益的工作，给所有的人提供充裕的物质生活和闲暇时间，给所有的人提供真正的充分的自由"[2]。

十月革命胜利后，社会主义开始从理论变成现实。社会主义在苏联的发展既让人感受到了理想的美好，也让人觉察到了"斯大林式"社会主义的美好理想的虚幻。于是，20世纪20年代初以后，一股反乌托邦的思潮开始悄然发端。这其中造成影响最大的当属英国作家乔治·奥威尔。奥威尔是一个社会主义者。1936年，在报道西班牙内战期间，他不仅被直接卷入战争，而且被卷入国际共产主义运动内部不同派别之间尖锐的甚至是残酷的倾轧，从而对苏联共产党、苏联社会主义产生了强烈质疑。1945年，他出版寓言小说《动物庄园》，影射十月革命后的苏联共产党领导人窃取权力，在领导建设社会主义的过程中不断发生蜕变，最终蜕变成为和过去的统治阶级一样的剥削者，只不过是以共产主义之名进行剥削的剥削者，而苏联也从人民心中的天堂破碎为新的阶级社

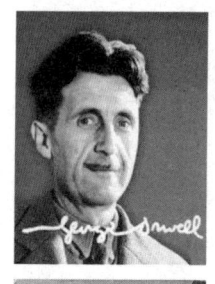

（上图）乔治·奥威尔（1903—1950），英国社会主义者，小说家、记者、社会评论家
（下图）《动物庄园》1945年第一版

---

[1]《马克思恩格斯文集》第1卷，人民出版社2009年版，第537页。
[2]《马克思恩格斯全集》第21卷，人民出版社1965年版，第570页。

会。1948年,他又出版小说《1984》,影射、批判苏联本质上不过是一个新的集权主义国家。奥威尔的这两部小说强烈激发了人们对共产主义乌托邦的怀疑。

历史地看,在冷战开始以后,特别是在1956年新左派运动兴起以后,在西方人的心目中,作为乌托邦理想的共产主义已经因为苏联而黯然失色。不过,令人欣慰的是,乌托邦理想本身并没有熄灭,依旧在指引人们去探索非资本主义的美好未来。1962年6月15日,一批美国青年在休伦港集会,发布了《休伦港宣言》,表达了他们对改变美国资本主义现状的渴望。在《休伦港宣言》序言的结尾,他们写道:"为现状寻求真正民主的替代物,承担对它们进行社会实验的义务,是有价值、能充分发挥才能的人类事业,这项事业今天推动我们前进,我们也希望它推动别人前进。正是在此基础上我们提出这份关于我们的信念和分析的文件,作为二十世纪后期理解和改变人类状况的一种努力,它植根于这样一个古老的、至今尚未实现的设想——人获得左右自己生活环境的力量。"这种乌托邦理想当

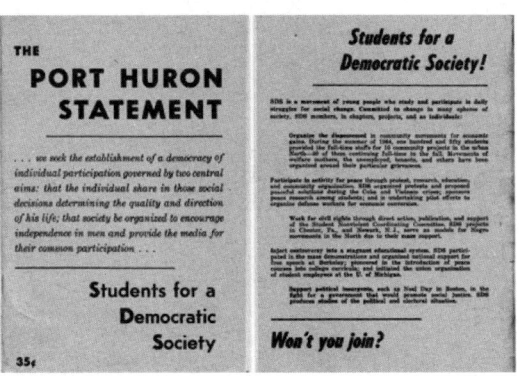

《休伦港宣言》是美国学生运动团体"学生争取民主社会"于1962年6月15日通过的宣言。而休伦港是美国密歇根州的一个港口小镇

然不是共产主义的,但谁又能否认它是由共产主义乌托邦所激励出来的呢?

20世纪末,美国现代思想史学者拉塞尔·雅各比曾哀伤地宣布:"乌托邦精神,即相信未来能够超越现在的这种观念,已经消失了。……甚少有人想象未来,它不过是今天的复制品而已,这复制品有时候比今天稍微好些,但是一般而言要比今天糟糕。出现了一种新的一致性看法:不存在其他选择。这就是我们这个时代,一个政治衰竭和退步的时代的智慧。"[1] 我们可以赞同雅各比对现状的描述,但不能同意他的判断。在我们看来,乌托邦不是终结或者死去,而只是陷入了暂时的沉睡,它的沉睡不过是在等待下一次醒来,以全新的方式继续激励人们对于人类未来的超越性想象。

4. 深邃的思想穿透力

作为一部19世纪的作品,《共产党宣言》当然会"过时"。事实上,早在1872年德文版序言中,马克思、恩格斯就明确指出:"关于共产党人对待各种反对党派的态度的论述(第四章)虽然在原则上今

---

[1] [美]雅各比:《乌托邦之死》,姚建彬译,新星出版社2007年版,第1—2页。

天还是正确的,但是就其实际运用来说今天毕竟已经过时,因为政治形势已经完全改变。"[1]但作为一部至今仍被人们反复阅读的经典,《共产党宣言》的魅力就在于,资本主义的固有危机不断把它重新带回人们的视野中,并从中发现有关资本主义的新的惊人预见。

英国《经济学人》杂志总编约翰·米克尔思韦特和《经济学人》杂志"熊彼特"专栏作家阿德里安·伍尔德里奇以为,马克思是"自由主义的死敌",但《共产党宣言》却对资本的全球化作出了成功的预言:"关于这个特定的全球化时代,马克思立即会承认的事情之一是他最后发现的一个悖论:全球化越成功,

《经济学人》1843年创刊于英国伦敦。1850年夏季,马克思在大英博物馆研读了《经济学人》的全部过刊,此后再次转向政治经济学研究。2012年1月28日,《经济学人》开辟了中国专栏,这也是该杂志除了英国和美国之外的第三个国家专栏

---

1 《马克思恩格斯文集》第2卷,人民出版社2009年版,第6页。

它给与自己的后座力就越大。这个过程与冲向沙滩的海浪确实不无相似之处：后浪击碎前浪，更有后浪在后头。"[1] 也就是说，马克思当年提出的问题，即资本主义的前途与命运问题，依旧摆放在当代人面前：

"如何克服全球化表面上的坚不可摧与内在的虚弱之间的悖论，依旧是新的二十一世纪的最重要挑战。"[2]

1　John Micklethwait, Adrian Wooldridge, *A Future Perfect: The Challenge and Hidden Promise of Globalization*, Heinemann, 2000, p.343.
2　John Micklethwait, Adrian Wooldridge, *A Future Perfect: The Challenge and Hidden Promise of Globalization*, Heinemann, 2000, p.343.

二、宣言诞生的社会历史情境

黑格尔曾说过：熟知非真知。这句话同样适用于《共产党宣言》。它为什么是"共产党"的宣言，而不是社会党、工人党或者其他什么党的宣言？最直接的回答是：《共产党宣言》是共产主义者同盟这个组织的党纲。要想获得更完备的解答，就需要回到共产主义者同盟的历史乃至更为广阔的19世纪共产主义理论与运动的历史。

木刻作品：《起草〈共产党宣言〉》（张文江）

1. 共产主义是19世纪资本主义发展的产物

100年前，社会主义从理论变成现实。这激励着人们去探寻共产主义不为人所知的起源。有人说，柏

柏拉图（前427—前347），古希腊哲学家。他的代表作《理想国》被认为是近代乌托邦思想的源头

托马斯·康帕内拉（1568—1639），意大利文艺复兴时期的空想社会主义者、哲学家、作家。他的主要著作是1623年完成、1633年出版的《太阳城》

拉图前后的古希腊哲学中已经有了共产主义的思想。有人说，共产主义可以追溯到文艺复兴时期的托马斯·莫尔、托马斯·康帕内拉。还有人说，以卢梭（1712—1778）为代表的法国启蒙思想家已经开始憧憬原始共产主义了。这些观点都有一定的道理。因为革命者都是人，无法割断自己与以前人类思想文化传统的血肉联系。不过，深入研究就会发现，这些观点其实都站不住脚，因为"19世纪初期的社会主义和共产主义先驱们通常不是从某位历史久远的作家那里推导出自己的思想，而是在打算建构自己的社会批判和乌托邦时发现或关注先前某位理想城邦理论家的相关性，然后加以颂扬和利用"[1]。也就是说，共产主义并不是这些理论传统的产物，相反，共产主义的诞生使这些理论传统获得了新的生命力和发展潜能。

共产主义理论的前提是资本主义社会的发展。马克思和恩格斯指出："共产主义对我们来说不是应当确立的状况，不是现实应当与之相适应的理想。我们所称为共产主义的是那种消灭现存状况的现实的运

---

1 ［英］霍布斯鲍姆：《如何改变世界——马克思和马克思主义传奇》，吕增奎译，中央编译出版社2014年版，第15页。

二、宣言诞生的社会历史情境

动。这个运动的条件是由现有的前提产生的。"[1]这种前提条件之一就是世界历史的产生,"无产阶级只有在世界历史意义上才能存在,就像共产主义——它的事业——只有作为'世界历史性的'存在才有可能实现一样"[2]。世界历史正是由资本主义开创的,"资产阶级,由于开拓了世界市场,使一切国家的生产和消费都成为世界性的了"[3]。

资本主义产生于欧洲封建社会内部,其最早起源可以追溯至14世纪的意大利。恩格斯指出:"意大利是第一个资本主义民族。封建的中世纪的终结和现代资本主义纪元的开端,是以一位大人物为标志的。这位人物就是意大利人但丁,他是中世纪的最后一位诗人,同时又是新时代的最初一位诗人。现在也如1300年间那样,新的历史纪元正在到来。"[4]

《资本论》第一卷,1867年德文第一版

马克思认为,资本主义先后经历了14至15世纪的简单协作阶段、16至18世纪的工场手工业阶段和19世纪开始的大机器工业阶段。马克思在《资本论》中以人在资本主义发展的不同阶段的境遇来描绘这一

---

[1] 《马克思恩格斯文集》第1卷,人民出版社2009年版,第539页。
[2] 《马克思恩格斯文集》第1卷,人民出版社2009年版,第539页。
[3] 《马克思恩格斯文集》第2卷,人民出版社2009年版,第35页。
[4] 《马克思恩格斯文集》第2卷,人民出版社2009年版,第25页。

历史进程。"简单协作在那些大规模运用资本而分工或机器还不起重大作用的生产部门,始终是占统治的形式"[1]。"在简单协作中,甚至在因分工而专业化的协作中,社会化的工人排挤单个的工人还多少是偶然现象"[2]。在工场手工业的阶段,人的境遇发生了"单向度的人"的转折性变化,"简单协作工场手工业使个人的劳动方式发生了彻底的革命,从根本上侵袭了个人的劳动力。它把工人变成畸形物,压抑了工人的多种多样的生产志趣和生产才能,人为地培植工人片面的技巧"[3]。而在大机器生产阶段,人已经成了一个可以被任意更替的机器零件,"一旦人不再用工具作用于劳动对象,而只是作为动力作用于工具机,人的肌肉充当动力的现象就成为偶然的了,人就可以被风、水、蒸汽等等代替了"[4]。

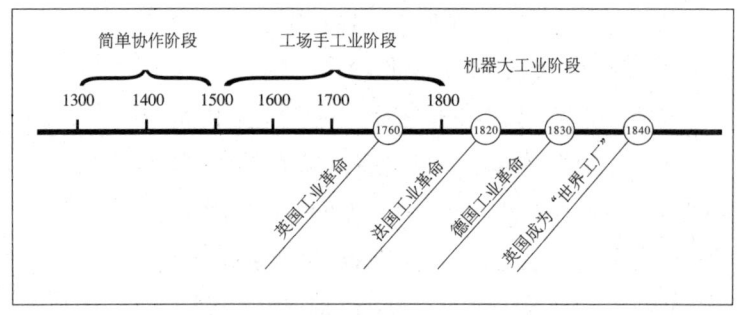

---

[1] 《马克思恩格斯文集》第5卷,人民出版社2009年版,第389页。
[2] 《马克思恩格斯文集》第5卷,人民出版社2009年版,第433页。
[3] 《马克思恩格斯文集》第5卷,人民出版社2009年版,第417页。
[4] 《马克思恩格斯文集》第5卷,人民出版社2009年版,第432页。

二、宣言诞生的社会历史情境

英国、法国和德国的资本主义发展史代表了资本主义发展的一般进程。18世纪60年代，英国率先开始工业革命。18世纪80年代，瓦特改良蒸汽机，为整个工业部门提供了新的强大动力，炼铁、采煤等主要工业部门都以机器生产取代了手工劳动，生产过程完成了工厂化转型，标志着资本主义从工场手工业阶段过渡到了大机器生产阶段。19世纪40年代，英国的资本主义社会化大生产获得了极大发展，成为当时的"世界工厂"。英国一跃成为当时全球生产力最为发达的国家。19世纪20、30年代，法国追随英国开始工业革命，诸多生产部门开始采用机器生产。德国则是在19世纪30、40年代开始走上工业革命的道路，虽然其总体状况较为落后，但与法国相邻的鲁尔区已经开始使用机器进行生产，成为资本主义生产较为发达的地区。

资本主义政治制度的建立既是经济发展的结果，又反过来促进了经济发展。资产阶级取得经济优势之后，不断发动反对封建统治的革命，在英国、美国和法国资产阶级革命之后，资产阶级在西方取得了优势地位，从而为进一步促进资本主义发展奠定了政治基础。

社会化大生产与生产资料私人占有制之间的矛盾，是资本主义制度本身无法克服的顽疾。随着资本主义的发展，这一矛盾日益突出。马克思指出，在这一历史时期,"社会所拥有的生产力已经不能再促进资产阶级文明和资产阶级所有制关系的发展;相反,生产力已经强大到这种关系所不能适应的地步,它已经受到这种关系的阻碍"[1]。马克思进一步分析指出,"资产阶级的关系已经太狭窄了,再容纳不了它本身所造成的财富了"。矛盾的激化使得资本主义世界的经济危机日渐频繁,资产阶级为了摆脱危机,加紧了对无产阶级的压迫,无产阶级反对资产阶级的斗争日益明朗化,两个阶级的矛盾成为社会的主要矛盾。进入19世纪30年代后,工人阶级反剥削、反压迫的斗争迅猛发展起来,其中规模与影响较大的有法国里昂工人起义(1831年、1834年)、英国宪章运动(1836—1848年)和德国西里西亚纺织工人起义(1844年)。其中,宪章运动取得的政治成就最为巨大。恩格斯称宪章派为"近代第一个工人政党"[2],列宁认为宪章运动是"世界第一次广泛的、真正群众性的、政治上已经成型的无产阶级革命运动"[3]。

法国、英国和德国的三大起义集中体现了无产阶级的高度政治觉悟性与组织纪律性,表现了工人阶级在现实政治斗争中的巨大威力,标志着现代无产阶级作为一支独立的政治力量开始登上历史舞台。然而,

---

1 《马克思恩格斯文集》第2卷,人民出版社2009年版,第35页。
2 《马克思恩格斯选集》第3卷,人民出版社1995年版,第712页。
3 《列宁全集》第36卷,人民出版社1995年版,第292页。

由于缺乏科学理论的指导与无产阶级政党的领导，无产阶级的早期斗争难免处于自发状态，几次起义不可避免地走向了失败。现实斗争的迫切需要呼唤着一个能够将无产阶级实践运动经验进行总结，客观地反映无产阶级社会地位和历史使命的科学理论，从而正确指导无产阶级进行共产主义的解放斗争。

2. 空想社会主义是共产主义的直接思想来源之一

在工人阶级酝酿着斗争的同时，英法两国的空想社会主义者正在为他们的理想四处奔走。如前所述，欧洲源远流长的社会主义思想传统的真正源头可以追溯到16世纪，即资本主义刚刚萌芽的时候。但只是到了19世纪初，即二元革命已经有序进行多年、后果开始逐步显现的时候，社会主义才真正成为一种具有现实的社会影响的思潮。三大社会主义者——圣西门、傅立叶、欧文就是在这一时期走上历史舞台的。他们都是具有强烈道德感的有产者，希望以某种社会改良的方式纾解因资本主义发展而滋生的社会不平等问题。这构成了马克思主义的理论来源之一。[1]

---

[1] 马克思主义有三大来源，即德国古典哲学、英国古典政治经济学和英法空想社会主义。我们在这里着重阐释第三个来源。

克劳德·昂利·圣西门（1760—1825）

克劳德·昂利·圣西门，出身贵族家庭，年轻时加入法国军队，参与了美国独立战争，29岁回到法国参与大革命。这些丰富的人生经历使他亲眼目睹了普罗大众的悲惨生活，从而促使他开始厌恶、批判资本主义，揭露资本主义压迫劳动阶级的本质，并提出了自己关于改造资本主义社会、创建美好社会的设想。除了无情揭露资本主义社会的剥削本质外，圣西门的空想社会主义有两个要点：一是将人类社会的变化指认为一个有规律的进程，二是将自己所设想的理想社会制度指认为实业制度。

在圣西门看来，法国大革命以后出现替代封建制度的资本主义制度是一个历史进步。但这种资本主义制度仍然是封建制度与未来社会之间的一个过渡体系，因此必须对这个弊病丛生的资本主义社会进行改造，推动未来美好社会的降临。圣西门认为，"人们应当把自己的社会尽量组织得有益于最大多数人，以最迅速和最圆满地改善人数最多阶级的精神和物质生活，作为自己的一切劳动和活动的目的"[1]。在资本主义社会得到改造之后，能够保障人们自由的社会就是实业制度社会。圣西门认为，在新的政治制度下，

---

[1] 《圣西门选集》第3卷，董果良等译，商务印书馆1986年版，第163页。

二、宣言诞生的社会历史情境

社会组织的唯一而长远的目的应当是尽善尽美地运用科学、艺术和工艺的现存知识来满足人们的需要。在实业制度社会中,最高行政委员会和最高科学委员会是最高权力机构。最优秀的实业家组成最高行政委员会,主管行政、生产和财政工作,促进社会财富的迅速增长;最有学识的学者组成最高科学委员会,主管科学、文化和教育事业。为了防止特权阶级死灰复燃,保障无产阶级的利益,圣西门提出最高行政委员会应由人民选举产生,并确立为公共利益服务的宗旨,领导者与人民群众的关系是平等的。

圣西门认为,通过向社会宣传,然后逐步地搞社会主义实验,从点到面逐步推广,社会主义将能够取得全面胜利。也就是说,虽然圣西门意识到要维护工人阶级的利益,但他并没有找到实现社会主义的现实道路。马克思对此曾评论指出,"我们不要忘记,圣西门不过到他最后一本著作《新基督教》时,才直接以工人阶级代言人的姿态出现,才宣告他的努力的最后目的是工人阶级的解放。他以前的一切著作,都不过是歌颂近代资产阶级社会,而反对封建社会或歌颂工业家和银行家来反对拿破仑的元帅和立

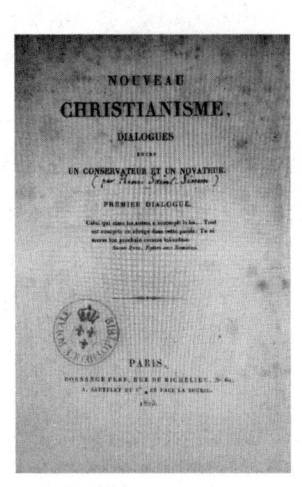

《新基督教》(1825年)书名页

法者"[1]。

夏尔·傅立叶，出身商人家庭，当过学徒，从事过各种商业活动，这为他深入认识资本主义制度提供了契机。1812年，傅立叶离开商界，专注于未来社会主义社会的设计，并将自己设计的未来社会命名为"和谐制度"。

夏尔·傅立叶（1772—1837）

傅立叶也认为人类社会的发展是有规律的，这种规律表现为蒙昧、宗法、野蛮和文明四种制度的更迭。傅立叶指出，一切生物特别是人的身体内存在着一种名为情欲引力的存在来推动生命的完善与社会的进步，人体内存在的情欲是一种与生俱来的并且永恒不变的自然本性。人的情欲分为多种，它们存在着内在的冲突，分为每个人情欲需求的冲突和人与人之间情欲需求的冲突。前一种冲突的解决手段主要是通过个人的道德修行来解决，后一种冲突的解决则必须诉诸合理的制度建构。两种冲突对比而言，后者更具有决定意义。傅立叶认为，资本主义"文明制度机构在一切方面都是巧妙地掠夺穷人而发财致富的艺术"[2]，导致情欲达到最不和谐的地步。因此，资本主义的弊病根源在于其制度的不合理性，特别是经济制度的不合理性。

---

1 马克思：《资本论》第3卷，人民出版社1975年版，第684页。
2 《傅立叶选集》第2卷，赵俊欣等译，商务印书馆1981年版，第103页。

在傅立叶设计的和谐制度中，生产资料所有制不是资本主义的私有制而是股份合作制。以均衡为原则的按比例分配制度是理想的分配制度，可以使收入最低的人拥有生活保障，避免出现一无所有的赤贫阶级。为了避免不劳而获的商人非法获利，他主张商业制度实行法朗吉[1]集体经营制。在消费制度方面，傅立叶根据满足人们情欲的原则，反对平均主义和禁欲主义，认为"如果有一种欲望受到阻碍，肉体或灵魂便会感到痛苦"[2]，因此，为了达成和谐社会"以生产者的福利为基础的"[3]目的，必须实行集体消费制。总体而言，傅立叶设计的社会主义制度避免全体成员中的任何人受到压迫与剥削，最终实现共同劳动、共同得利、共享成果的和谐社会。

恩格斯高度评价傅立叶的空想社会主义学说，认为"傅立叶无情地揭露资产阶级世界在物质上和道德上的贫困"[4]，他"最了不起的地方表现在他对社会历史的看法上"[5]。不过，恩格斯也强调，作为傅立叶全部思想基石的"情欲引力论"，其本质是将人类

---

[1] "法郎吉"来源于希腊语的"队伍"一词，意为严整的步兵队伍。
[2] 《傅立叶选集》第2卷，赵俊欣等译，商务印书馆1981年版，第225页。
[3] 《傅立叶选集》第1卷，赵俊欣等译，商务印书馆1979年版，第121页。
[4] 《马克思恩格斯文集》第9卷，人民出版社2009年版，第275页。
[5] 《马克思恩格斯文集》第9卷，人民出版社2009年版，第276页。

社会存在与发展建立在抽象的唯心主义基础上，因此他无法理解公有制对消除资本主义固有矛盾的决定性意义，最终导致其社会主义思想无法摆脱空想的窠臼。

与圣西门、傅立叶不同，罗伯特·欧文的空想社会主义理论拥有实践基础。他18岁就创办了自己的工厂，并在自己的工厂进行了改革与实践，其思想就来源自这种实践。欧文创办工厂是为了达到改善工人阶级生存状况与改造农民性格的目的。在这个工厂里，欧文抛弃了资本主义工厂剥削工人的制度，而创造了一种有助于人们健康生活与工作的制度。

罗伯特·欧文（1771—1858）

欧文空想社会主义的主要内容包括：在生产资料公有制下组建合作社，使之成为集体劳动的生产单位和消费单位；在新社会中社员大会是最高权力机关，由社员大会公选产生的理事会作为常设领导机构；在最高权力机关之下，设立工业机械部、农业部、文学科学和教育部等，负责具体领导经济、文化建设等方面的工作。为了充分发挥每名社员的

欧文构想的"新道德世界"蓝图

脑力与体力优势，将城市与农村的优点结合起来组建

新村合作社,从而促进每个人的全面发展。欧文对新村合作社寄予了非常大的期望,对其规模、组织机构、规章制度等进行了详细的描述。在新村合作社中,劳动阶级制造自己生活的必需品,人们为了共同利益一起劳动,所有人以农业为主业、以工业为副业。所有人从出生开始就得到了完善的照顾和理性的熏陶,在良好的环境中自由发展。

恩格斯高度评价欧文的实践和学说,指出:"欧文在资本主义生产最发达的国家里,在这种生产所造成的种种对立的影响下,直接从法国唯物主义出发,系统地制定了他的消除阶级差别的方案。"[1]但恩格斯也强调指出,欧文不能理解资本主义不可避免的剥削本质,通过资产阶级政府的改革最终无法从根本上解决问题。并且欧文反对暴力革命,无法把握无产阶级的历史使命,最终使得其社会主义理论成为空想。

3. 德国的共产主义组织:从正义者同盟到共产主义者同盟

受社会主义思潮的激励,二元革命发动以后,个别出身社会底层的革命者也开始批判资本主义,并将

---

[1]《马克思恩格斯选集》第3卷,人民出版社1995年版,第721页。

矛头直指私有制本身，主张以暴力革命的方式推翻剥削制度，建立平等共和国。

社会主义与共产主义之比较

	社会主义	共产主义
走上历史舞台的时间	19世纪初	19世纪30年代
主要倡导者	道德感强烈的有产者	受工业革命挤压的手工业者
政治主张	社会改良	暴力密谋革命
经济主张	维持私有制	平均主义地对待私有财产

法国人巴贝夫就是这种共产主义的杰出先驱。在19世纪30年代的法国，共产主义在受工业革命严重挤压、生存状态日趋恶化的手工业者中迅速传播开

巴贝夫（1760—1797），法国革命者，曾积极参加法国大革命，后主张以暴力革命的方式消灭私有制，建立"普遍幸福的""人人平等的"社会。巴贝夫的这种平等派共产主义思想是马克思主义的直接先驱

埃蒂耶纳·卡贝（1788—1856），19世纪法国著名空想社会主义者，参加过烧炭党，经历过革命者的流亡生活。在小说《伊加利亚旅行记》中提出"和平共产主义"思想，幻想以非暴力的方式通过改良建立理想社会。著有《1830年法国革命史》《1789年法国革命时期的平民史》

二、宣言诞生的社会历史情境

来，成为一股现实的社会力量，卡贝、布朗基（1805—1881）等是其中的重要代表。

1830年7月，法国爆发了反对波旁王朝专制统治的七月革命。七月革命的成功鼓励了德意志地区的自由主义及民族主义运动。革命者向保守政府发起挑战，要求立宪，甚至民族统一。但是革命运动很快就被普鲁士政府镇压。此后，一批参与过革命的德语地区手工业者流亡巴黎，受共产主义思想的影响，于1834年成立了地下组织"流亡者同盟"。1836年，"流亡者同盟"中"分出了最激进的、大部分是无产阶级的分子，他们组织了一个新的秘密同盟——正义者同盟"。[1] 随后，正义者同盟成为布朗基领导的"四季社"的分部，并参加了1839年"四季社"起义。[2] 起义失败后，大批同盟成员逃亡到伦敦。在沙佩尔等人的领导下，同盟在伦敦得到恢复。伦敦有当时最发达的资本主义经济、最成熟的资产阶级民主政治体制和最活跃的工人运动氛围，这些都极大地促进了同盟在组织、政治、思想等方面的发展和现代化，使之日益成为一个国际化的工人组织。历史地看，同盟的成员主要是

沙佩尔（1812—1870），德国国际工人运动活动家。曾在吉森大学林学系学习。1833年开始流亡，1836年参加流亡者同盟，后参与组建正义者同盟。1839年流亡伦敦后，领导了正义者同盟的恢复工作，分别于1843年和1845年结识恩格斯和马克思，支持创立共产主义通讯委员会，后参加筹建了共产主义者同盟

---

1 参见《马克思恩格斯选集》第4卷，人民出版社1995年版，第191页。
2 四季社是法国革命者布朗基于1837年创立的一个平等密谋派组织。1839年5月12日，四季社在巴黎发动武装起义，以失败告终。

一些手工业者,特别是裁缝。这和手工业者的文化水平较高、政治意识较强以及受工业革命的冲击大有关。

正义者同盟成功恢复后,其政治自觉性和自主性日益提高,逐渐摆脱对法国共产主义者的依赖,日益成为德国工人运动乃至整个东欧工人运动的棋手。正因为如此,同盟把魏特林树立为自己的共产主义理论家,"大胆地把他放在同当时他的那些法国竞争者相匹敌的地位"[1]。1844年8月,魏特林在乘船赴美途中,在伦敦下船,受到同盟成员的热情接待。不过,在发表了几次演说后,听众越来越少,魏特林与沙佩尔等同盟领导人的分歧却越来越大。这主要是因为魏特林那种立刻就发动暴力革命的想法与伦敦的现实以及英国工人运动确立的成功典范格格不入。最终,经过一系列的民主辩论,魏特林的共产主义主张被同盟清算和抛弃。

努力向现代工人阶级政党转型的正义者同盟,内在地存在着与知识分子联合的需要。1843年,同盟邀请恩格斯加入,但恩格斯因为不认同他们的平均共产主义理念而拒绝。1846年初,马克思向同盟发出了建立联系的邀请。一开始,同盟成员不仅不认同马克思的共产主义,而且对他的"精神上的傲慢"颇有

威廉·魏特林(1808—1871),19世纪欧洲的一个重要的激进主义者。曾被马克思和恩格斯评价为空想社会主义者,同时恩格斯也认为他是"德国共产主义的创始人"。著有《现实的人类和理想的人类》《和谐与自由的保证》

---

1 《马克思恩格斯选集》第4卷,人民出版社1995年版,第195页。

微词。不过，同盟领导人最终意识到坚实的理论基础的重要性，从而渐渐向马克思靠拢。1847年1月20日，同盟派人前往布鲁塞尔邀请马克思加入同盟。马克思一开始对此有很多疑虑，但最终都被打消。因为同盟领导人告诉他，"中央委员会准备在伦敦召开同盟代表大会，大会上，我们所坚持的各种批判的观点，将作为同盟的理论在宣言中表现出来；他又说，可是为了同保守派分子和反对派分子作斗争，我们必须亲自参加大会，这就涉及到我们要加入同盟这样一个问题了"[1]。在同盟接受了马克思的条件，即"摒弃章程中一切助长迷信权威的东西"[2]后，马克思和恩格斯先后加入了同盟。

1847年6月，正义者同盟在伦敦召开第一次代表大会，恩格斯出席大会。经过民主辩论，同盟部分接受了马克思的主张，将同盟改名为"共产主义者同盟"，并将口号"四海之内皆兄弟"改为"全世界无产者，联合起来！"8月，马克思将布鲁塞尔通讯委员会正式改组为共产主义者同盟的一个支部，自任主席。11月27日，马克思启程前往伦敦参加共产主义者同盟第二次代表大会，经过10多天的激烈民主辩论，"所有分歧和怀疑终于都消除了，一致通过了新

---

[1]《马克思恩格斯全集》第14卷，人民出版社1964年版，第465页。
[2]《马克思恩格斯全集》第34卷，人民出版社1972年版，第289页。

的原则"[1]，同盟接受马克思的主张，把"推翻资产阶级政权，建立无产阶级统治，消灭旧的以阶级统治为基础的资产阶级社会和建立没有阶级、没有私有制的社会"[2]作为自己的目的。

至此，经过马克思和恩格斯的巨大努力与艰辛工作，正义者同盟被改造成了一个建立在科学共产主义理论基础上的革命组织。一个全新的无产阶级政党就此出现在世界历史舞台上！

---

1 《马克思恩格斯选集》第4卷，人民出版社1995年版，第201页。
2 《马克思恩格斯全集》第4卷，人民出版社1958年版，第572页。

三、逐步演进的三个稿本

《共产党宣言》的写作不是一蹴而就的,其形成经历了三个阶段,留下了三个稿本:1847年6月恩格斯撰写的《共产主义信条草案》;1847年11月恩格斯撰写的《共产主义原理》;马克思、恩格斯共同撰写,1848年1月马克思修改定稿的《共产党宣言》。《共产党宣言》正是在《共产主义信条草案》《共产主义原理》两个稿本的基础上产生的。

1.《共产主义信条草案》

根据考证,《共产主义信条草案》(以下简称《草案》)应当创作于1847年6月共产主义者同盟第一次代表大会之前,并作为纲领草案之一提交给了大会。该草案篇幅不大,翻译成中文约3500字,采用的是一问一答的教义问答体形式,由22条与共产主义信仰有关的问答组成。这22条问答大体分为三组:

前6个问题为一组,主要涉及对共产主义的基本理解：

1. 你是共产主义者吗？

2. 共产主义者的目的是什么？

3. 你们打算怎样实现这一目的呢？

4. 他们的财产公有建立在什么样的基础上呢？

5. 这是一些什么原理呢？

6. 你们打算用什么方法为实现你们的财产公有作好准备呢？

第 7 至第 12 个问题为第二组，主要涉及无产阶级的产生及其本质：

7. 什么是无产阶级？

8. 是不是说，无产者不是一向就有的？

9. 无产阶级是怎样产生的？

10. 无产者和奴隶有什么区别？

11. 无产者和农奴有什么区别？

12. 无产者和手工业者有什么区别？

最后 10 个问题为第三组，主要涉及共产主义的必然性及革命的基本原则问题：

13. 这么说，你们并不认为任何时候都可能实现财产公有？

14. 让我们回到第六个问题吧。如果他们打算用启发并团结无产阶级的方法来为公有制作准备，你们是否因此就拒绝革命呢？

15. 你们打算一下子就用财产公有来代替今天的

三、逐步演进的三个稿本

社会制度吗？

16. 你们认为，用什么方法才能实现从目前状况到财产公有的过渡呢？

17. 一旦你们实现了民主制，你们的第一个措施是什么？

18. 你们打算怎样实现这一点呢？

19. 你们在过渡时期怎样实施这种教育呢？

20. 在实行财产公有时不会同时宣布公妻制吗？

21. 民族在共产主义制度下还将继续存在吗？

22. 共产主义者排斥现有的各种宗教吗？

《共产主义信条草案》出自恩格斯的手笔。但恩格斯究竟是《草案》的撰写者还是誊写者，人们对此曾有过怀疑和争论。理由主要有两点：第一，《草案》使用具有浓重宗教色彩的教义问答体形式，与历史唯物主义的科学精神相去甚远；第二，《草案》具有明显的人性论历史观的痕迹，与历史唯物主义具有明显的差距。马克思、恩格斯在此前创作的《德意志意识形态》中曾明确指出："共产主义对我们来说不是应当确立的状况，不

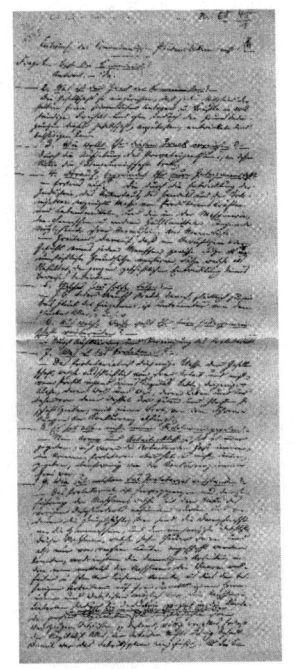

《共产主义信条草案》手稿

是现实应当与之相适应的理想。我们所称为共产主义的是那种消灭现存状况的现实的运动。这个运动的条件是由现有的前提产生的。"[1]但《共产主义信条草案》却认为共产主义建立在两个基础上。一个基础是历史的：共产主义理想社会制度"建立在因发展工业、农业、贸易和殖民而产生的大量的生产力和生活资料的基础之上，建立在因使用机器、化学方法和其他辅助手段而使生产力和生活资料无限增长的可能性的基础之上"[2]。另一个基础是人性的："在每一个人的意识或感觉中都存在着这样的原理，它们是颠扑不破的原则，是整个历史发展的结果，是无须加以论证的。"[3]而这种观点与马克思、恩格斯已经批判过的"真正的社会主义"[4]正是一脉相承的。

根据研究，人们现在肯定恩格斯确实是《共产主义信条草案》的撰写者。但有些内容并非他的本意，而是他与共产主义者同盟原有指导思想进行斗争和妥协的一个结果。首先，当时愿意为共产主义者同盟撰写纲领草案的不只一人，除了马克思、恩格斯，也有

---

[1] 《马克思恩格斯选集》第1卷，人民出版社1995年版，第87页。
[2] 《马克思恩格斯全集》第42卷，人民出版社1979年版，第373页。
[3] 《马克思恩格斯全集》第42卷，人民出版社1979年版，第373页。
[4] "真正的社会主义"是1840年代德国知识分子中流行的一种小资产阶级社会主义思潮，代表人物有莫泽斯·赫斯（1812—1875）、卡尔·格律恩（1817—1887）和海尔曼·克利盖（1820—1850）等。1846年5月11日，马克思、恩格斯起草"反克利盖的通告"，发动了对"真正的社会主义"的批判。

三、逐步演进的三个稿本

"真正的社会主义"者,双方的理论竞争客观存在。其次,对于马克思刚刚发动的针对克利盖"真正的社会主义"的批判,同盟领导人恰恰是不满甚至反对的。最后,同盟绝大多数成员的出身是手工业者,教义问答体是他们最熟悉因而也是最愿意接受的一种体裁,恩格斯必须对此有所考虑。好在同盟已经开始接受马克思的主张,所以,我们看到恩格斯作出的妥协并不大,且主要存在于第一组问题之中,在第二组、第三组问题中,历史唯物主义的原则已经得到了明确有力的贯彻。

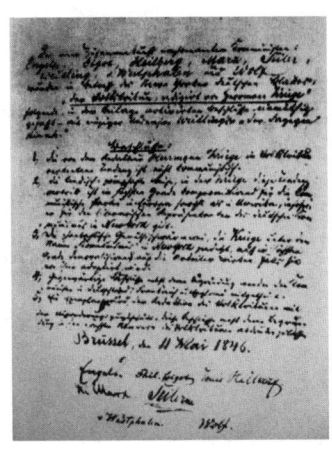

反克利盖的通告

恩格斯对于《共产主义信条草案》显然不满意。因此在同时期的书信以及后来的历史回忆论述中,他都没有提及这个草案。

2.《共产主义原理》

根据共产主义者同盟第一次代表大会的决议,包括《共产主义信条草案》在内的几种纲领草案被分发给各地的支部讨论。讨论的结果并不乐观,这促使恩格斯决定改写草案,其结果就是 1847 年 11 月前后完成的《共产主义原理》。

《共产主义原理》
1914年第一个德文
单行本（德国）

《共产主义原理》
1925年英文单行本

《共产主义原理》（以下简称《原理》）沿袭了《共产主义信条草案》的那种教义问答体形式。但是在内容方面，可以看出《原理》的问题比《草案》多了3个，从22个增加到25个，《原理》的篇幅相较于《草案》更是从3500字增加到了18500字，内容的分量有了显著增加。但与此同时，通过对比我们也可以清楚地看到，这两个文献之间存在清晰的继承关系。

首先，在《原理》当中，《草案》的第7至13条即其主体部分得到了完善与扩充。

其次，关于共产主义者与社会主义者的相关问题在《草案》中并没有谈到，而这一点在《原理》中则得到了详细论述，恩格斯明确回答了"共产主义者和社会主义者的区别"以及"共产主义者如何对待其他的政党"的问题，这两个以前没有的问题显然是为了回应共产主义者同盟内部的指导思想之争。

最后，《草案》中的一些不合理、不完善的回答与表述在《原理》当中也得到了大量的修改、扩充和调整，这从以下几个例子中就可见一斑：

（1）《草案》中第1至6条的问答由《原理》

三、逐步演进的三个稿本

中第1条关于"什么是无产阶级"的问答所取代，表述得更为透彻。

（2）《草案》第9条问答在《原理》当中得到了改写与扩充，这一点体现在《原理》的第4与第5条问答上。这两条引入了对"劳动"的阐述，对于在资本主义条件下无产阶级等同于"商品"的悲惨地位进行了进一步论证。

（3）《原理》为了加强文章的紧凑性和连贯性，补充了一个第6条，从而更好地衔接了第7至10条问答。

（4）《草案》在论述了无产者和手工业者的区别之后并没有继续深入下去，而是话锋一转，转向了其他问题。而恩格斯在《原理》中写完上述问题后，对有待深入的地方进行了填补和修整，"趁热打铁"地添加和撰写了第11至14条问答。这几条问答充分运用了唯物主义历史观，详细讲述了资本主义社会的社会状况与发展方向、无产阶级的历史使命、共产主义社会的特征等内容。他明确指出，"共产主义是关于无产阶级解放的条件的学说"[1]，并对无产阶级

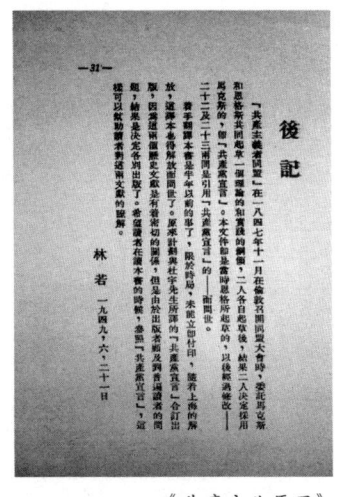

《共产主义原理》1949年中文第一版后记

---

[1] 参见《马克思恩格斯文集》第1卷，人民出版社2009年版，第676页。

产生的社会历史条件以及资本主义的发展必然导致无产阶级革命进行了论述,指出:"可以把所有这些弊病完全归咎于已经不适应当前情况的社会制度",而"通过建立新的社会制度来彻底铲除这些弊病的手段已经具备。"[1]这些都将实现"科学社会主义"的结论建立在了科学的基础上,大大增强了革命纲领的说服力。因而,恩格斯补充的这一部分成为了《原理》最为重要的地方之一。该部分同其之前的9条问答后来往往被人们当作《宣言》第一章和第二章的关键"草稿"部分。

(5)《原理》的第15条问答对应的是《草案》第13条问答。但是将《草案》关于"财产公有"的论述纠正为了对"废除私有制"问题的讨论,显得更加严谨、合理。

(6)《原理》的第18条问答囊括和细化了《草案》的第16至19条问答。在《草案》中,关于改造社会的措施还仅仅只是萌芽,而在《原理》第18条中,改造社会的措施则被细化为了12条措施,并在最后作出了经典的结论:"当全部资本、全部生产和全部交换都集中在国家手里的时候,私有制将自行灭亡,金钱将变成无用之物,生产将大大增加,人将

---

[1] 参见《马克思恩格斯文集》第1卷,人民出版社2009年版,第683页。

大大改变,以致连旧社会最后的各种交往形式也能够消失。"[1]

(7)《原理》的第19至20条问答也体现了对《草稿》的扩充。在宣布了私有制的灭亡之后,该部分从世界市场的角度切入,对无产阶级的世界革命以及德国共产主义革命面临的现实难题进行了详述,并描述了共产主义社会的先进与美好,其中关于"人的发展""三大差别的消失"等内容往往被认为是《宣言》第二章中相关部分的直接"思想草稿"。下面是一个《草案》与《原理》的关系表,数字代表了《草案》与《原理》中的相关问题条目,它大致能够体现两篇文献在结构内容之间的相互关系。

《共产主义信条草案》与《共产主义原理》关系表

《共产主义信条草案》	《共产主义原理》
1—6	1
7、8	2、3
9	4、5
10—12	6—14
13	15
14、15	16、17
16—19	18—20
20—22	21—23
—	24、25

可见,与《共产主义信条草案》相比,恩格斯显

---

[1]《马克思恩格斯文集》第1卷,人民出版社2009年版,第687页。

然已经不在理论上妥协了,而是开始彻底贯彻历史唯物主义的原则。

3.《共产党宣言》

1847年11月底12月初,在马克思、恩格斯都参加的第二次代表大会上,共产主义者同盟最终接受了马克思的主张,把"推翻资产阶级政权,建立无产阶级统治,消灭旧的以阶级统治为基础的资产阶级社会和建立没有阶级、没有私有制的社会"[1]作为自己的目的,并委托马克思、恩格斯"起草一个准备公布的周详的理论和实践的党纲"[2]。会议结束后,恩格

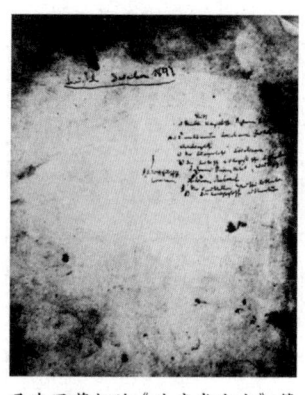

马克思草拟的《共产党宣言》第三章写作计划手稿

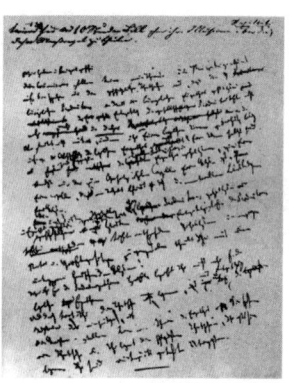

《共产党宣言》仅存的一页手稿。手稿前两行为马克思夫人燕妮的笔迹

---

1 《马克思恩格斯全集》第4卷,人民出版社1958年版,第572页。
2 《马克思恩格斯文集》第2卷,人民出版社2009年版,第5页。

斯又专程前往布鲁塞尔,与马克思根据《共产主义原理》讨论确定了新党纲的基本方案、创作初稿,并商定由马克思具体修改定稿。因为忙于准备《关于自由贸易的演说》[1],马克思直到1848年1月下旬才完成《共产党宣言》的定稿,随即邮寄给同盟中央付印。

《共产主义信条草案》、《共产主义原理》和《共产党宣言》关系表[2]

《共产主义信条草案》	《共产主义原理》	《共产党宣言》
1—6	1	一
7—12	2—13	一
13—22	14—23	二
—	24	三
—	25	四

若以实际用于修改定稿的时间计,《共产党宣言》(以下简称《宣言》)可以说是一个"急就章"。但如果把《共产主义信条草案》、《共产主义原理》和《共产党宣言》联系起来看,就不难看出,《共产党宣言》实际上是"厚积薄发",是马克思、恩格斯在创立历史唯物主义之后,在与各种社会主义思潮进行针锋相对的斗争过程中凝结而成的纲领性思想的科学表达。

---

1 《关于自由贸易的演说》于1848年1月9日在布鲁塞尔民主协会的大会上发表,后于2月初以法文版的形式在布鲁塞尔出版。
2 数字为《草案》《原理》中对应的条目,汉字为《共产党宣言》的章目。

《共产党宣言》中思想的最终完成，正是建立在对《共产主义信条草案》和《共产主义原理》相关思想的发展与改进之上的，三篇文献的思想逻辑进展都是马克思主义思想演进过程的一个生动缩影。相对于《草案》与《原理》，《宣言》中对于一些思想的表述更加成熟、完整与清晰。从以下三个例子当中就可见一斑：

（1）关于什么是共产主义的论述

三篇文献对共产主义的具体论述各不相同。在《草案》中，实现共产主义的目的即是要"把社会组织成这样：使社会的每一个成员都能完全自由地发展和发挥他的全部才能和力量，并且不会因此而危及到这个社会的基本条件"[1]。这种描述虽然表达了对人的发展的要求，但在当时阶级斗争十分激烈的背景下，这种抽象性的表述无疑带有空想的色彩，难以产生足够的号召力。

《原理》中也详尽描述了共产主义社会："由社会全体成员组成的共同联合体来共同地和有计划地利用生产力；把生产发展到能够满足所有人的需要的规模……所有人共同享受大家创造出来的福利……使社会全体成员的才能得到全面发展……"[2]该描述虽然

---

1 《马克思恩格斯全集》第42卷，人民出版社1979年版，第373页。
2 《马克思恩格斯文集》第1卷，人民出版社2009年版，第689页。

加强了人们对共产主义社会的直观理解，但是又显得不够精练，不利于传播与灌输。

相比之下，《宣言》对共产主义的描述——"代替那存在着阶级和阶级对立的资产阶级旧社会的，将是这样一个联合体，在那里，每个人的自由发展是一切人自由发展的前提"[1]——最为简洁有力，也因而得到了广泛的传播。

（2）对于资产阶级的历史作用的描述

《草案》中对资产阶级的描述完全持一种否定与批判的态度，主要集中揭示了他们是如何靠排挤小手工者和剥削工人而变为资产者和剥削者的，而资产阶级的历史进步性却被忽视了。

《原理》运用了历史唯物主义基本原理，对资产阶级产生和发展的历史进行了科学分析。在对资产阶级成为社会统治阶级的历史必然性与历史进步性进行客观阐述的同时，也剖析了资产阶级的历史局限性，指出资本主义自由竞争和私有制也会破坏生产力，并使无产者更贫困。

在《原理》基础上，针对资产阶级的进步性与局限性，《宣言》从社会矛盾的层面进行了更加深刻的分析，指出："资产阶级在它的不到一百年的阶级统治中所创造的生产力，比过去一切世代创造的全部生

1　《马克思恩格斯文集》第2卷，人民出版社2009年版，第53页。

产力还要多,还要大。"[1] 但资产阶级在促进生产力发展的同时,也导致了不可避免的商业危机,更加剧了无产阶级与资产阶级的矛盾。而只有消灭私有制,才能最终解决这个资产阶级不可能解决的社会问题。

(3) 关于废除私有制

《草案》一开始就明确指出,"废除私有财产,代之以财产公有"[2] 就是共产主义的目的。但是在废除所有制的措施方面,《草案》提出的做法并不明确,甚至带有一种妥协的意味,仅仅指出无产阶级在掌握政权后的首要任务是"限制私有财产"。

而《原理》则明确指出首先要"根本剥夺相互竞争的个人对工业和一切生产部门的管理权","个人管理工业的必然后果就是私有制……私有制是同工业的个体经营和竞争密切联系着的。因此私有制也必须废除……"[3] 这时恩格斯还没有明确地将私有制当作资本主义生产竞争和少数人统治生产的前提与基础,

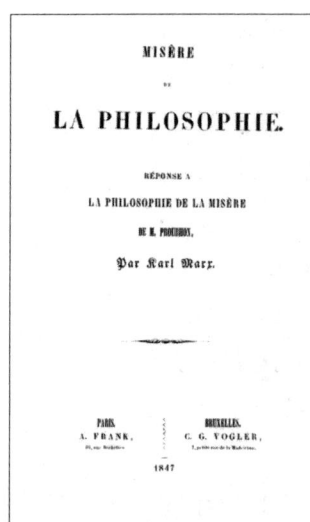

在1847年出版的《哲学的贫困》一书中,马克思第一次运用历史唯物主义的观点研究政治经济学,相关成果在《共产党宣言》中得到深化和更加系统的科学表达

---

1 《马克思恩格斯文集》第2卷,人民出版社2009年版,第36页。
2 《马克思恩格斯全集》第42卷,人民出版社1979年版,第373页。
3 《马克思恩格斯全集》第4卷,人民出版社1958年版,第364—365页。

而是当作结果。但他看到了二者之间的关系,明确提出要废除私有制,并把废除私有制提到了改造整个社会制度的高度。

而《宣言》进一步详细说明了共产主义"并不是要废除一般的所有制,而是要废除资产阶级的所有制"[1]。相较于《草案》和《原理》,《宣言》第一次对废除私有制的原因进行了多方论证:首先是从私有制的历史地位来看,"现代资产阶级的私有制是那种建筑在阶级对抗上面,即建筑在一部分人对另一部分人的剥削上面的生产和产品占有方式的最后而又最完备的表现"。这充分说明了等待资产阶级私有制的只有灭亡。其次是反驳资产阶级的种种歪曲与污蔑,明确指出无产阶级不是要消灭"人们亲自获得的,用自己的劳动获得的财产"[2],而是要"消灭那种构成一切个人自由、活动和独立的基础的财产"[3]。最后则从经济危机的角度论证了消灭私有制的必然性。由于生产资料的个人占有和社会化大生产之间的矛盾严重阻碍了社会经济的发展,资本主义社会出现了不可避免的周期性经济危机,严重束缚了生产力的发展,因此必须消灭私有制。

总之,《共产党宣言》从历史发展和阶级解放、

---

1 《马克思恩格斯全集》第4卷,人民出版社1958年版,第481页。
2 《马克思恩格斯全集》第4卷,人民出版社1958年版,第480页。
3 《马克思恩格斯全集》第4卷,人民出版社1958年版,第480页。

工人运动和共产主义内在统一的角度，科学地论证了共产党人基本纲领的必然性和正当性，为共产主义运动奠定了科学的基础，为共产主义运动的科学发展指明了方向。

四、宣言的三个基本理论

《共产党宣言》的正文有四章：资产者和无产者、无产者和共产党人、社会主义的和共产主义的文献、共产党人对各种反对党派的态度。其写作目的是为了公开表达作为无产阶级政党的共产党的观点和意图："用暴力推翻全部现存的社会制度"[1]，实现共产主义。为了讲清楚这个基本观点，马克思、恩格斯重点谈了三个基本理论问题，即资产阶级的历史贡献、无产阶级的历史使命和消灭私有制。

1. 资产阶级的历史贡献

作为资本主义制度的坚定反对者，马克思、恩格斯科学预言了这一制度的必然灭亡，并将毕生精力投入到推翻这一制度的革命事业中。但是，他们却始终实事求是地对待资产阶级，肯定它是一个具有重大历

---

1 《马克思恩格斯文集》第2卷，人民出版社2009年版，第66页。

史合理性和必然性的存在，因为"现代资产阶级本身是一个长期发展过程的产物，是生产方式和交换方式的一系列变革的产物"[1]。不仅如此，在《共产党宣言》中，他还热情颂扬"资产阶级在历史上曾经起过非常革命的作用"[2]。

第一，资产阶级使人摆脱了封建宗法关系的束缚，成为自由的主体。马克思指出，封建社会和资产阶级社会虽然前后相继，却是两种截然不同的社会形式：

相较于封建社会，资产阶级社会似乎是一种"倒退"："资产阶级在它已经取得了统治的地方把一切封建的、宗法的和田园诗般的关系都破坏了。它无情地斩断了把人们束缚于天然尊长的形形色色的封建羁绊，它使人和人之间除了赤裸裸的利害关系，除了冷酷无情的'现金交易'，就再也没有任何别的联系了。"[3]但这种"倒退"却具有巨大的历史解放作用，因为它把所有人，从工人到原本具有神圣职业光环的医生、律师、教士、诗人和学者，都变成了独立的、平等的、自由的市场主体。这种主体地位尽管充斥着庸俗的铜臭味，但原本却是极少数知识精英才能享有的。更重要的是，一旦拥有了这种主体地位，将不会有人愿意

---

1 《马克思恩格斯文集》第2卷，人民出版社2009年版，第33页。
2 《马克思恩格斯文集》第2卷，人民出版社2009年版，第33页。
3 《马克思恩格斯文集》第2卷，人民出版社2009年版，第33—34页。

再放弃。

第二，资产阶级使物质生产变成了一种真正具有创造性的活动。在封建社会中，物质生产不仅是被迫的，而且是以极端怠惰作为相应补充的。而在资产阶级社会中，物质生产则变成了一种真正具有创造性的活动，"它第一个证明了，人的活动能够取得什么样的成就"[1]。物质生产的这种创造性具有两个重要表现。第一个表现是生产本身始终处于发展变化中。"生产的不断变革，一切社会状况不停的动荡，永远的不安定和变动，这就是资产阶级时代不同于过去一切时代的地方。"[2] 第二个表现是物质生产和精神生产的生产和消费都变成世界性的了。"资产阶级，由于开拓了世界市场，使一切国家的生产和消费都成为世界性的了。……物质的生产是如此，精神的生产也是如此。各民族的精神产品成了公共的财产。民族的片面性和局限性日益成为不可能，于是由许多种民族的和地方的文学形成了一种世界的文学。"[3]

第三，资产阶级深刻地改变了现代社会生活本身。关于这一点，马克思主要强调了三点。一是所有人、所有民族都被吸纳到社会生活中来。"资产阶级，由于一切生产工具的迅速改进，由于交通的极其便利，

---

[1] 《马克思恩格斯文集》第2卷，人民出版社2009年版，第34页。
[2] 《马克思恩格斯文集》第2卷，人民出版社2009年版，第34页。
[3] 《马克思恩格斯文集》第2卷，人民出版社2009年版，第35页。

把一切民族甚至最野蛮的民族都卷到文明中来了。"[1]
二是传统的城市乡村关系被颠倒过来。"资产阶级使农村屈服于城市的统治。它创立了巨大的城市，使城市人口比农村人口大大增加起来，因而使很大一部分居民脱离了农村生活的愚昧状态。正像它使农村从属于城市一样，

19世纪50年代伦敦城市景观

它使未开化和半开化的国家从属于文明的国家，使农民的民族从属于资产阶级的民族，使东方从属于西方。"[2]
三是使社会生活日益从分散走向集中。"资产阶级日甚一日地消灭生产资料、财产和人口的分散状态。它使人口密集起来，使生产资料集中起来，使财产聚集在少数人的手里。由此必然产生的结果就是政治的集中。"[3]

第四，资产阶级创造出了巨大的物质财富，使人类从根本上摆脱了绝对的匮乏。对此，马克思满怀激情地写道："资产阶级在它的不到一百年的阶级统治中所创造的生产力，比过去一切世代创造的全部生产力还要多，还要大。自然力的征服，机器的采用，化

---

1 《马克思恩格斯文集》第2卷，人民出版社2009年版，第35页。
2 《马克思恩格斯文集》第2卷，人民出版社2009年版，第36页。
3 《马克思恩格斯文集》第2卷，人民出版社2009年版，第36页。

学在工业和农业中的应用，轮船的行驶，铁路的通行，电报的使用，整个整个大陆的开垦，河川的通航，仿佛用法术从地下呼唤出来的大量人口——过去哪一个世纪料想到在社会劳动里蕴藏有这样的生产力呢？"[1]

马克思、恩格斯之所以热情赞扬资产阶级的历史贡献，除了基于他们一贯的实事求是的研究态度以外，更为重要的是他们的历史唯物主义理论立场。"每一历史时代的经济生产以及必然由此产生的社会结构，是该时代政治的和精神的历史的基础"[2]，资产阶级是资本主义时代经济结构的必然产物。资产阶级曾经发挥的巨大革命作用是无产阶级成长与成熟的前提，无产阶级的共产主义革命正是在资本主义社会成就的基础上被提出的。

1825年，英国建成世界上第一条铁路。1850年，英国建成了总长9600多千米、遍布全国的铁路网络

2. 无产阶级的历史使命

马克思、恩格斯指出，自原始土地公有制解体以

---

1 《马克思恩格斯文集》第2卷，人民出版社2009年版，第36页。
2 《马克思恩格斯文集》第2卷，人民出版社2009年版，第9页。

来，一部人类史就是一部阶级斗争史，即被剥削阶级与剥削阶级之间、被统治阶级与统治阶级之间斗争的历史。在资本主义社会，这种斗争已经表现为被压迫的无产阶级如果不使全部社会摆脱压迫，那么，他"就不再能使自己从剥削它压迫它的那个阶级（资产阶级）下解放出来"[1]。资产阶级在获得社会统治权的过程中，在追逐利益最大化的过程中，生产出自己的掘墓人，就像马克思、恩格斯所指认的，资产阶级"首先生产的是它自身的掘墓人"[2]，而这个掘墓人就是无产阶级。

考虑到《共产党宣言》诞生于1848年的历史语境，就会发现这个观点在当时可谓语出惊人甚至石破天惊。一方面，资本主义当时并没有进入由盛而衰的阶段。1848年英国是世界上唯一完成工业革命的国家，包括德国在内的其他欧洲国家当时还处于工业化的初期阶段。1825年，英国爆发第一次以普遍生产过剩为特征的经济危机，被迫放弃机器出口管制，欧洲其他国家和美国的工业化进程才由此真正开始。即便是在资本主义经济最发达的英国，资产阶级也还没有完全掌权。事实上，在经历了长期斗争后，差不多到马克思逝世前后，英国的资产阶级才真正控制了议会，

---

[1] 《马克思恩格斯文集》第2卷，人民出版社2009年版，第9页。
[2] 《马克思恩格斯文集》第2卷，人民出版社2009年版，第43页。

掌握了国家的政治权力。另一方面，在英国之外的欧洲其他国家，工人阶级还处于"幼年"时期。没有完成的工业化，自然不可能有大规模的工人阶级。德国当时的工业化进程总体较慢，工人阶级的数量大约只占总人口数量的5%。如果说此时的资产阶级是一个毛头小伙，那么，无产阶级则只是一个蹒跚学步的幼儿。对于绝大多数人来说，刚刚诞生的无产阶级去"革"正值青年的资产阶级的"命"，实在匪夷所思。

《共产党宣言》得出无产阶级是资产阶级的"掘墓人"这一惊世骇俗结论有两个方面的根据。在经验的层次上取决于革命导师见证了发达资本主义世界的面貌，更为重要的是马克思、恩格斯在科学的层次上总结出了历史规律。前者表现为，马克思在1843年

1845年7月，马克思在恩格斯陪同下访问曼彻斯特和伦敦，考察英国的工业革命和社会主义运动状况。图为19世纪40年代曼彻斯特城市景观

底转向共产主义之后，开始为无产阶级事业而奋斗，并于1845年七八月间造访曼彻斯特，见证了最发达的资本主义的强大生产力，以及无产阶级的巨大力量。后者表现为马克思、恩格斯实现了历史观的革命，发现了人类社会发展的基本规律，从而根据这个规律作出大胆而科学的预言，指出无产阶级埋葬资产阶级是历史的必然趋势。

《共产党宣言》关于无产阶级是资产阶级掘墓人的观点绝非一个空洞的口号，而是有其丰富的内涵。无产阶级是以雇佣劳动为基础的资本主义生产方式的必然产物，资本主义生产方式把无产阶级造就成了除了自己的劳动—无所有的无产者，资产阶级在客观上推动的工业进步使无产阶级日益成为一个有组织的整体，资产阶级在客观上促进了后者的政治自觉与成熟，无产阶级在同资产阶级的斗争中与资本主义制度彻底决裂。

首先，无产阶级是以雇佣劳动为基础的资本主义生产方式的必然产物。因此，"随着资产阶级即资本的发展，无产阶级即现代工人阶级也在同一程度上得到发展"[1]。

其次，资本主义生产方式把无产阶级造就成了除了自己的劳动—无所有的无产者。"现代的工人只有

---

1 《马克思恩格斯文集》第2卷，人民出版社2009年版，第38页。

当他们找到工作的时候才能生存，而且只有当他们的劳动增殖资本的时候才能找到工作。这些不得不把自己零星出卖的工人，像其他任何货物一样，也是一种商品，所以他们同样地受到竞争的一切变化、市场的一切波动的影响。"[1]

再次，资产阶级在客观上推动的工业进步使无产阶级日益成为一个有组织的整体。在追逐利润的欲望以及竞争压力的推动下，资产阶级在客观上推动了自己也无法控制的工业进步过程。工业进步在让资产阶级赢得巨额利润的同时，也使无产阶级从分散走向集中、从自发反抗走向自觉斗争、从分裂走向联合、从地区性组织走向全国性组织，迅速成为一个高度组织化的整体。"这种联合由于大工业所造成的日益发达的交通工具而得到发展，这种交通工具把各地的工人彼此联系起来。只要有了这种联系，就能把许多性质相同的地方性的斗争汇合成全国性的斗争，汇合成阶级斗争。而一切阶级斗争都是政治斗争。中世纪的市民靠乡间小道需要几百年才能达到的联合，现代的无产者利用铁路只要几年就可以达到了。"[2]

复次，资产阶级在客观上教育了无产阶级，促进了后者的政治自觉与成熟。在与封建贵族的斗争中，

---

[1] 《马克思恩格斯文集》第2卷，人民出版社2009年版，第38页。
[2] 《马克思恩格斯文集》第2卷，人民出版社2009年版，第40页。

资产阶级被迫向无产阶级求援，客观上把无产阶级卷进了政治运动，"于是，资产阶级自己就把自己的教育因素即反对自身的武器给予了无产阶级"[1]。在工业进步的过程中，很多统治阶级的成员被抛入无产阶级阵营，给无产阶级带来了大量的教育因素。在阶级斗争尖锐化的过程中，一些统治阶级成员自觉加入无产阶级。"正像过去贵族中有一部分人转到资产阶级方面一样，现在资产阶级中也有一部分人，特别是已经提高到能从理论上认识整个历史运动的一部分资产阶级思想家，转到无产阶级方面来了。"[2]

最后，在与资产阶级的斗争中，无产阶级成为与资本主义制度彻底决裂的、"真正革命的阶级"。在大工业的发展过程中，其他阶级都趋于没落和灭亡，只有无产阶级必将随着大工业的发展而发展，因为它是大工业本身的产物。不过，在斗争与成熟的过程中，无产阶级最终意识到自己与以往所有被压迫阶级的不同之处："无产者只有废除自己的现存的占有方式，从而废除全部现存的占有方式，才能取得社会生产力。无产者没有什么自己的东西必须加以保护，他们必须摧毁至今保护和保障私有财产的一切。"[3] 换言之，无产阶级自觉意识到，只有打破整个旧世界、解放全

---

1 《马克思恩格斯文集》第2卷，人民出版社2009年版，第41页。
2 《马克思恩格斯文集》第2卷，人民出版社2009年版，第41页。
3 《马克思恩格斯文集》第2卷，人民出版社2009年版，第42页。

四、宣言的三个基本理论

《共产党宣言》是在1848年欧洲革命即将进入高潮的前夜创作出来的。1848年2月23日,也就是《共产党宣言》在伦敦公开问世的两天后,法国巴黎爆发革命,人民群众走上街头,并于2月24日冲入杜伊勒里宫,推翻国王的宝座。上图为法国画家让·朗什在19世纪50年代中期创作的石版画作品

人类，才能解放自身：" 无产阶级，现今社会的最下层，如果不炸毁构成官方社会的整个上层，就不能抬起头来，挺起胸来。"[1]

马克思、恩格斯根据上述系统分析认为："于是，随着大工业的发展，资产阶级赖以生产和占有产品的基础本身也就从它的脚下被挖掉了。它首先生产的是它自身的掘墓人。资产阶级的灭亡和无产阶级的胜利是同样不可避免的。"[2]

3. 通向共产主义的桥梁：消灭私有制

"消灭私有制"这一理论在《共产党宣言》中的地位至关重要。马克思、恩格斯将其指认为共产党理论的核心："从这个意义上说，共产党人可以把自己的理论概括为一句话：消灭私有制。"[3]这一观点不仅引起了当时资产阶级的恐慌，而且在后世产生了种种误读。关于后者，自《共产党宣言》诞生以来人们从未停歇的质疑与批评就是明证。十月革命之前，人们批评它，主要是怀疑它将颠覆资产阶级社会文明与进步的根基，将使人类社会倒退到野蛮时代；十月革命之后，人们抨击它，则主要是因为它致使许多社会

---

[1] 《马克思恩格斯文集》第2卷，人民出版社2009年版，第42页。
[2] 《马克思恩格斯文集》第2卷，人民出版社2009年版，第43页。
[3] 《马克思恩格斯文集》第2卷，人民出版社2009年版，第45页。

主义国家陷入建设误区，人民生活、社会发展受到消极的甚至是灾难性的影响。

然而，这种责难并不能归罪于马克思、恩格斯。一方面，这是因为马克思、恩格斯从来都反对教条主义地对待《共产党宣言》中的基本原理，强调对它们的实际运用"随时随地都要以当时的历史条件为转移"[1]。另一方面，这是因为马克思、恩格斯绝没有像之前的平等派共产主义者那样，以虚无主义的方式对待私有制，为消灭私有制而消灭私有制，他们所说的"消灭私有制"实则是对一系列观点的概括总结，涉及消灭何种私有制、何时消灭以及如何消灭等各个方面。也就是说，问题的症结其实在于后世的马克思主义者没有能够完整准确地理解"消灭私有制"。《共产党宣言》所指认的私有制是资产阶级私有制，生产力的巨大发展是"消灭私有制"的前提，"消灭私有制"是一个过程。

首先，"消灭私有制"有确定的对象，即资产阶级的私有制。早在《德意志意识形态》中，马克思、恩格斯就认识到，原始的部落所有制解体后，私有制就出现了，经历了一系列形态转变后，私有制最终摆脱国家的束缚，成为"纯粹私有制"："现代国家是

---

1 《马克思恩格斯文集》第2卷，人民出版社2009年版，第5页。

与这种现代私有制相适应的。"[1]按照《资本论》中更为科学规范的说法，存在两种不同的私有制："政治经济学在原则上把两种极不相同的私有制混同起来了。其中一种是以生产者自己的劳动为基础，另一种是以剥削他人的劳动为基础。它忘记了，后者不仅与前者直接对立，而且只是在前者的坟墓上成长起来的。"[2]尽管表述得不像《资本论》那么科学严谨，但马克思、恩格斯在《共产党宣言》中的表述还是非常清楚的。在回答当时"有人责备我们共产党人，说我们要消灭个人挣得的、自己劳动得来的财产，要消灭构成个人的一切自由、活动和独立的基础的财产"问题时，马克思明确指出："共产主义并不剥夺任何人占有社会产品的权力，它只剥夺利用这种占有去奴役他人劳动的权力。"[3]很显然，马克思、恩格斯既不是不加区别地反对一切形式的私有制，也不是要消灭那种以自己的劳动为基础的私有制，而是特指要消灭那种利用财产的私人占有去奴役他人劳动的私有制，即以剥削他人劳动为基础的私有制。所以，在总结概括自己的理论之前，马克思、恩格斯专门指出："共产主义的特征并不是要废除一般的所有制，而是

1　《马克思恩格斯文集》第1卷，人民出版社2009年版，第583页。
2　马克思：《资本论》第1卷，人民出版社2004年版，第876页。
3　《马克思恩格斯文集》第2卷，人民出版社2009年版，第47页。

要废除资产阶级的所有制。"[1]

其次,"消灭私有制"的前提条件是生产力水平的充分发展。在《德意志意识形态》中,马克思、恩格斯就曾多次明确表达过这样的观念:资产阶级的私有制之所以要废除,并不是因为它不好或者不符合人们的价值观念,而是因为它的存在基础,即曾经与之相适应的生产力水平发展了,从而使之不能继续存在。也就是说,生产力的发展已经使资产阶级的所有制丧失了存在的基础或合理性,"消灭私有制"这个历史任务由此得以历史地提出来。在这里,"生产力的巨大增长和高度发展"是"绝对必需的实际前提","因为如果没有这种发展,那就只会有贫穷、极端贫困的普遍化;而在极端贫困的情况下,必须重新开始争取必需品的斗争,全部陈腐污浊的东西又要死灰复燃"[2]。因此,问题不在于要不要消灭私有制,而在于在什么样的历史条件下才能消灭它。如果生产力还没有发展到足以消灭私有制的高度时,任何人为地消灭它的企图非但不能达到目的,反而会因此阻碍生产力的发展,甚至导致历史的倒退。所以,在《共产主义原理》中,恩格斯明确指出,私有制不可能一下子被废除,"只有创造了所必需的大量生产资料之后,

---

[1] 《马克思恩格斯文集》第2卷,人民出版社2009年版,第45页。
[2] 《马克思恩格斯文集》第1卷,人民出版社2009年版,第538页。

才能废除私有制"[1]。在十年后的《政治经济学批判》的序言中,马克思将这一观念上升到了历史观的新高度:"无论哪一个社会形态,在它所能容纳的全部生产力发挥出来以前,是决不会灭亡的;而新的更高的生产关系,在它的物质存在条件在旧社会的胎胞里成熟以前,是决不会出现的。"[2]

再次,"消灭私有制"是一个过程。从《共产党宣言》中我们可以看出,"消灭私有制"绝不是一蹴而就的,而是一个相当长也相当复杂的过程。这个过程的第一步,"就是使无产阶级上升为统治阶级,争得民主"[3]。第二步,"无产阶级将利用自己的政治统治,一步一步地夺取资产阶级的全部资本,把一切生产工具集中在国家即组织成为统治阶级的无产阶级手里,并且尽可能快地增加生产力的总量。"[4]在《共产党宣言》中,马克思、恩格斯还就如何限制、利用资本主义所有制及其所决定的生产关系提出了10点指导性意见:

《政治经济学批判》
(1859年)

---

1 《马克思恩格斯选集》第1卷,人民出版社1995年版,第239页。
2 《马克思恩格斯选集》第2卷,人民出版社2012年版,第3页。
3 《马克思恩格斯文集》第2卷,人民出版社2009年版,第52页。
4 《马克思恩格斯文集》第2卷,人民出版社2009年版,第52页。

1. 剥夺地产，把地租用于国家支出。

2. 征收高额累进税。

3. 废除继承权。

4. 没收一切流亡分子和叛乱分子的财产。

5. 通过拥有国家资本和独享垄断权的国家银行，把信贷集中在国家手里。

6. 把全部运输业集中在国家手里。

7. 按照共同的计划增加国家工厂和生产工具，开垦荒地和改良土壤。

8. 实行普遍劳动义务制，成立产业军，特别是在农业方面。

9. 把农业和工业结合起来，促使城乡对立逐步消灭。

10. 对所有儿童实行公共的和免费的教育。[1]

历史地看，马克思、恩格斯所提出的这10点意见大多在后来的社会主义革命中得到实践，并取得了预料中的巨大成效。第三步，也是最重要、最艰难的一步，无产阶级要改造自己诞生的阶级社会的存在条件，使人类进入无阶级社会。"它在消灭这种生产关系的同时，也就消灭了阶级对立的存在条件，消灭阶级本身的存在条件，从而消灭了它自己这个阶

---

[1] 《马克思恩格斯文集》第2卷，人民出版社2009年版，第52—53页。

级的统治。"[1]

如果马克思、恩格斯的上述构想真的得到落实，那么，一种全新的社会形态就将出现在人类眼前："代替那存在着阶级和阶级对立的资产阶级旧社会的，将是这样一个联合体，在那里，每个人的自由发展是一切人的自由发展的条件。"[2]

---

[1] 《马克思恩格斯文集》第2卷，人民出版社2009年版，第53页。
[2] 《马克思恩格斯文集》第2卷，人民出版社2009年版，第53页。

五、不断发展的七篇序言

《共产党宣言》有七篇序言。1872年德文版序言和1882年俄文版序言由马克思与恩格斯共同完成。1883年德文版序言、1888年英文版序言、1890年德文版序言、1892年波兰文版序言以及1893年意大利文版序言则由恩格斯独自完成。1872年出版德文第二版时,马克思、恩格斯指出,《共产党宣言》已经成为"一个历史文件,我们已没有权利来加以修改"[1]。他们主要通过撰写新的序言来表达自己对于共产主义理论和实践的新认识。在七篇序言中,马克思、恩格斯既总结了《共产党宣言》与国际共产主义运动的基本经验,又根据变化了的具体革命条件进一步发展了《共产党宣言》正文的思想。因此,后世人们都把七篇序言和《共产党宣言》的正文作为一个有

马克思(1875年)

恩格斯(1877年)

---

1 《马克思恩格斯文集》第2卷,人民出版社2009年版,第6页。

机整体，以完整把握马克思、恩格斯的相关思想及其变迁。

1. 1872年德文版序言

1872年德文版序言诞生于1871年巴黎公社之后，是马克思、恩格斯为《共产党宣言》合写的第一篇序言。当时，巴黎公社的硝烟刚刚散尽，新建立的德意志帝国正向德国共产党人发起正面攻击，整个欧洲共产主义运动都面临严峻挑战。但马克思、恩格斯此时的心情却是振奋的，因为巴黎公社使《共产党宣言》的纲领得到实际验证，尽管公社很快失败了，验证的结果

1870年普法战争胜利后，1871年1月18日，普鲁士国王威廉一世在法国凡尔赛宫宣布建立以普鲁士王国为首的德意志帝国，并登基成为帝国的首任皇帝，俾斯麦（1815—1898）成为首任帝国宰相。俾斯麦政府支持法国政府镇压巴黎公社，在1872年逮捕并以"叛国罪"审判了支持巴黎公社的德国社会民主党领袖

五、不断发展的七篇序言

也表明"这个纲领现在有些地方已经过时了"[1],但纲领的总体现实性和科学性却已经得到公开的证明。

1871年3月,巴黎无产阶级通过英勇的武装斗争,建立了世界上第一个无产阶级政权——巴黎公社。虽然巴黎公社在72天后就被法国反动势力残酷镇压,但其历史意义却光照千秋。马克思为总结巴黎公社经验,写下了著名的《法兰西内战》,进一步发展了《共产党宣言》的基本思想。1871年9月,第一国际伦敦代表会议通过了马克思、恩格斯起草的决议,提出组织一个无产阶级政党来领导工人阶级反对资产阶级的斗争。但是第一国际内部以巴枯宁为代表的无政府主义者反对无产阶级专政。马克思、恩格斯认为,必须对反无产阶级专政的思想予以坚决反击。当德国社会民主党中央党报《人民国家报》编辑部提议出版新版德文《共产党宣言》时,他们欣然同意,并决意利用这个机会撰写一篇序言捍卫共产主义原则。

马克思、恩格斯在序言的开头简明扼要地介绍了

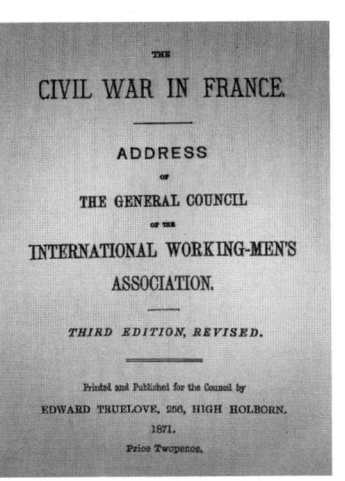

《法兰西内战》1871年7月英文第三版

---

1 《马克思恩格斯文集》第2卷,人民出版社2009年版,第5页。

《共产党宣言》产生的历史背景，随即自豪地指出："不管最近25年来的情况发生了多大的变化，这个《宣言》中所阐述的一般原理整个说来直到现在还是完全正确的。"[1] 不过，他们接着就告诫共产党人在运用这些正确原理时"随时随地都要以当时的历史条件为转移"[2]，比如第四章中共产党的策略虽然基本正确，但由于形势的变化，那些被批判的政党已经消亡，因此那些论述的具体内容也已经过时了。更为重要的是，马克思、恩格斯指出，虽然1848年他们已经明确提出无产阶级推翻资产阶级统治，但是对于无产阶级在夺取政权之后究竟该采取怎么样的政治统治并没有具体的说明。如今，基于巴黎公社的革命实践，他们强调"工人阶级不能简单地掌握现成的国家机器，并运用它来达到自己的目的"[3]，而是要建立公社类型的无产阶级专政，运用无产阶级专政全面彻底地改造社会。

最后，马克思、恩格斯宣布《共产党宣言》已经成为一个不容随意修改的"历史文件"。他们对自己创立的理论的科学性和共产主义事业的光明未来的坚定信心由此跃然纸上。

---

1 《马克思恩格斯文集》第2卷，人民出版社2009年版，第5页。
2 《马克思恩格斯文集》第2卷，人民出版社2009年版，第5页。
3 《马克思恩格斯文集》第2卷，人民出版社2009年版，第6页。

2. 1882年俄文版序言

1882年，普列汉诺夫重译了《共产党宣言》的俄文版。马克思、恩格斯应邀为这个俄文版撰写了一篇序言，此时距《共产党宣言》发表已逾35年。

该序言的主题是美国与俄国革命问题。序言回顾了《共产党宣言》最后一章《共产党人对各种反对党派的态度》，认为没有论及俄国和美国的原因在于它们当时都是欧洲的后备力量，而在今天这种情况已经发生了根本性的变化。马克思、恩格斯指出，随着美国工农业的巨大发展，"人数众多的无产阶级和神话般的资本积聚第一次发展起来了"[1]，但俄国的情况则相对复杂，需要展开较为细致的研究。俄国虽然在地理上是欧洲的组成部分，但在经济上、政治上、文化上等诸多方面却与西欧保持着明显的差距，因此从某种意义上讲是"另一个欧洲"，更多地让当时的西欧人联想到遥远而辽阔的美洲大陆。作为欧洲人，马克思、恩格斯不可能不关注俄国。从理论上讲，他们坚信，俄国虽然落后，但革命同样是不可避免的，因为"资产阶级，由于一切生产工具的迅速改进，由于交通的极其便利，把一切民族甚至最野蛮

普列汉诺夫（1856—1918），第二国际理论家、俄国马克思主义之父。列宁曾评论说，不研究普列汉诺夫所写的全部哲学著作，"就不能成为一个觉悟的、真正的共产主义者"

1　《马克思恩格斯文集》第2卷，人民出版社2009年版，第8页。

的民族都卷到文明中来了"[1]。也就是说，俄国迟早会被卷入资本主义世界体系，因而革命迟早会发生。

不过，在现实中，他们对俄国革命前景的判断非常谨慎，唯恐自己的乐观情绪会对俄国革命的现实与未来带来消极影响。这一点突出地表现在1881年马克思给俄国女革命者查苏利奇的复信中。

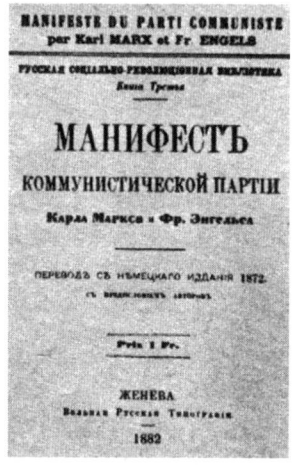

《共产党宣言》俄文第二版（1882年）

维拉·伊万诺芙娜·查苏利奇（1849—1919），俄国社会主义革命家、作家。曾与列宁和普列汉诺夫一起参与过《火星报》的编辑工作，是俄国社会民主工党的创始人之一。1881年2月，她致信马克思，请求马克思谈谈他对俄国历史发展的前景，特别是对俄国农村公社命运的看法。马克思在《给维·伊·查苏利奇的复信》（以下简称《给查苏利奇的复信》）中详细分析了俄国公社的状况，认为俄国可以不经过资本主义的卡夫丁峡谷。马克思细致分析了俄国公社的四个特征。首先，公社土地公有制奠定了集体生产和集体公有的基础；其次，集体耕作和集体经营排水工程以及其他公共事业已经在

维拉·伊万诺芙娜·查苏利奇

1　《马克思恩格斯文集》第2卷，人民出版社2009年版，第35页。

俄国农民中实行；再次，俄国的大平原地利优势对大规模机器联合耕种具有重要意义；最后，俄国农民已经习惯了集体劳作，便于他们从小土地耕作向合作经济发展。此外，俄国公社没有印度那样被侵略、被破坏的历史，也可以利用西方资本主义积累了几百年的成果，等等。《给查苏利奇的复信》进一步指出，如果能够保障农村公社的自由发展，那么农村公社不仅可以成为俄国社会复兴的因素，而且可以成为俄国在这方面的优势，进而超过其他处于资本主义制度压迫下的国家。以此为基础，马克思在《给查苏利奇的复信》中将俄国的道路指认为一条不同于英国资产阶级革命道路的"公社的进化"。

在分析清楚马克思关于俄国革命道路观点的同时，我们必须认识到马克思对俄国革命过程复杂性的科学估量。关于后者，马克思的态度非常审慎。当时他在写作该信时，数易其稿，最终抑制了自己对俄国革命目标的热切期待，以既没有否定也没有肯定的方式，理性表达了自己的看法。不过，鉴于资本主义在美国的迅猛发展，以及俄国革命形势的发展，马克思、恩格斯还是期待俄国革命能够发展得更快些。所以，1882年，马克思和恩格斯同意为《共产党宣言》新的俄文版撰写序言，并且以一种充满鼓动性的语言告诉俄国读者："假如俄国革命将成为西方无产

马克思（1882年）

阶级革命的信号而双方互相补充的话，那么现今的俄国土地公有制便能成为共产主义发展的起点。"[1]

3.1883年德文版序言

第三篇序言是恩格斯于1883年6月在马克思逝世之后为《共产党宣言》的第三个德文版本所作。此时，马克思刚刚去世，恩格斯怀着沉痛的心情校订了全文。恩格斯在这篇序言中集中阐述了《共产党宣言》的核心思想——历史唯物主义，"每一历史时代的经济生产以及必然由此产生的社会结构，是该时代政治的和精神的历史的基础"[2]，自原始社会解体以来，人类的全部历史都是阶级斗争的历史，这个斗争已经到了无产阶级不能解放全人类就无法解放自身的地步。

恩格斯强调"这个基本思想完全是属于马克思一个人的"[3]，这充分体现了恩格斯的谦虚品质和对马克思的深厚革命感情。其实恩格斯在1844年写作《英国工人阶级状况》时就已经掌握了历史唯物主义的一般原理，而标志着历史唯物主义创立的《德意志意识形态》就是1845年由马克思、恩格斯共同完成的。

---

1 《马克思恩格斯文集》第2卷，人民出版社2009年版，第8页。
2 《马克思恩格斯文集》第2卷，人民出版社2009年版，第9页。
3 《马克思恩格斯文集》第2卷，人民出版社2009年版，第9页。

值得注意的是，1883年德文版的出版地是瑞士的苏黎世。这是为什么呢？原来，1870年普法战争之后，德国的资本主义迅速发展，无产阶级运动也由此获得长足发展，1875年，德国社会民主党成立（当时的名称是德国社会工人党）。此后，德国无产阶级运动迅猛发展，"铁血宰相"俾斯麦颇为惊惧。1878年10月，俾斯麦政府颁布《反社会党人法》，宣布社会主义、社会民主主义和共产主义的组织属于非法。德国无产阶级运动被迫转入地下。也就是说，1883年德文版被迫在瑞士出版其实是德国无产阶级运动不断发展壮大的一个表征。

俾斯麦（1815—1898），19世纪德国卓越的政治家，现代德国的"建筑师"和"领航员"，长期担任普鲁士王国首相（1862—1890），普法战争后，推动成立德意志帝国，出任首任宰相。他镇压德国的社会主义运动，但同时也通过立法，建立了世界上最早的工人养老金、健康医疗保险制度、社会保险。1890年，他因为再次延长《反社会党人法》失败而去职

4.1888年英文版序言

恩格斯于1888年所写的英文版序言是《共产党宣言》的第四篇序言。19世纪80年代的世界无产阶级运动蓬勃发展，形势一片大好。到80年代末，欧美已有16个国家先后建立了社会主义政党，并出现了越来越强烈的加强国际联系的呼声。1889年，在恩格斯的推动下，"社会主义国际"即第二国际（1889—1916）成立。英国工人阶级运动出现了新的高潮，而建立英国无产阶级政党就成为声势愈来愈浩大的英国工人运动亟待解决的问题。1888年英

《共产党宣言》英文版（1888年）

文版序言就是在这个背景下问世的。恩格斯大力支持赛·穆尔翻译《共产党宣言》，并亲自校订了该版的英译文，还加了一些注释。

这篇序言是七篇序言中篇幅最长的。恩格斯对它的重视由此可见一斑。在这篇序言中，恩格斯主要谈了三个方面的问题。首先，重申历史唯物主义是《共产党宣言》的核心思想。其中，对历史唯物主义的重申与1883年德文版序言并无差别。但值得我们注意的是恩格斯首次对历史唯物主义的影响作出评估并且描绘了马克思与他向这一思想突进的简明进程，"在我看来这一思想对历史学必定会起到像达尔文学说对生物学所起的那样的作用"[1]，"我们两人早在1845年前的几年中就已经逐渐接近了这个思想"[2]，《英

---

1 《马克思恩格斯文集》第2卷，人民出版社2009年版，第14页。
2 《马克思恩格斯文集》第2卷，人民出版社2009年版，第14页。

国工人阶级状况》就是恩格斯独自达到这一思想进程的说明,但是"已经把这个思想考虑成熟"[1]的人是马克思。

其次,恩格斯向英语世界的读者详细介绍了《共产党宣言》的诞生与传播过程。《共产党宣言》是作为共产主义者同盟的理论与实践纲领发表的,恩格斯追溯同盟历史、界定同盟的性质,"这个同盟起初纯粹是德国工人团体,后来成为国际工人团体"[2]。恩格斯追溯了《共产党宣言》诞生之初的翻译与传播状况,随后他将《共产党宣言》的传播与工人运动结合起来分析。恩格斯指出,在经历了1848年巴黎起义失败与1851年的"科隆共产党人案件"后,《共产党宣言》似乎注定被人遗忘了。然而《共产党宣言》的真理光芒毕竟不是反动统治所能遮挡的,19世纪60年代,欧洲工人运动再次高涨,第一国际应运而生。在第一国际建立与运行初期,为了团结各方社会主义力量,马克思、恩格斯采取了在共同的实践与理论探讨中使得工人阶级自然提高自身觉悟的策略,结果他们如愿以偿,工人们摒弃了曾经的思想,自觉接受了《共产党宣言》,马克思主义在国际工人运动中占据了统治地位。"《宣言》的原则在世界

---

[1] 《马克思恩格斯文集》第2卷,人民出版社2009年版,第15页。
[2] 《马克思恩格斯文集》第2卷,人民出版社2009年版,第11页。

各国工人中间都已传播得很广"[1],"它无疑是全部社会主义文献中传播最广和最具有国际性的著作","是从西伯利亚到加利福尼亚的千百万工人公认的共同纲领"[2]。

最后,恩格斯对《共产党宣言》为什么只能被称为共产主义宣言而不能被叫作社会主义宣言作出了解释。恩格斯指出,在1847年,所谓社会主义者是站在工人阶级运动以外的思想流派,他们分为两个部分,一是指英国欧文派和法国傅立叶派的即将衰亡的空想社会主义,二是指"形形色色的社会庸医,他们凭着各种各样的补缀办法"[3],妄图在不危及资本和利润的前提下,消除一切社会弊病。因此,1847年的社会主义是资产阶级运动,而共产主义才是工人阶级的运动。

5.1890年德文版序言

1890年德文版序言是1883年德文版序言在英国的重印本。1889年,第二国际巴黎代表大会把每年的5月1日确定为国际劳动节。1890年5月1日,世界主要资本主义国家的工人阶级都举行了声势浩大

---

1 《马克思恩格斯文集》第2卷,人民出版社2009年版,第12页。
2 《马克思恩格斯文集》第2卷,人民出版社2009年版,第13页。
3 《马克思恩格斯文集》第2卷,人民出版社2009年版,第13页。

的集会和游行示威活动庆祝第一个国际劳动节,彰显了无产阶级的伟大力量。恩格斯就是在这一天写下了这篇序言。这篇序言全文收录了1882年俄文版序言和1888年英文版序言的基本内容,因而篇幅也较大。

恩格斯(1890年)

恩格斯写这篇序言的核心目的是希望读者看到,尽管《共产党宣言》的传播遭到了资产阶级政府的重重压迫,但随着大工业与工人阶级的成长,《共产党宣言》在更广阔的范围内得以传播。他指出,欧洲无产阶级运动的蓬勃发展正是《共产党宣言》真理性的最佳实践证明,"当42年前我们在巴黎革命即无产阶级带着自己的要求参加的第一次革命的前夜向世界上发出这个号召时,响应者还是寥寥无几"[1],然而形势在1864年就发生了重大变化,大多数西欧国家联合成立了国际工人协会。第一国际于1866年的日内瓦代表大会上宣布争取"八小时工作制",这一要求在1889年第二国际巴黎工人代表大会上再度宣布确立并且由法律所确认,"今天的情景将会使全世界的资本家和地主看到:全世界的无产者现在真正联合起来了"[2]。目睹此情此景,恩格斯再次表达了对马克思的怀念:"如果马克思

---

1 《马克思恩格斯文集》第2卷,人民出版社2009年版,第21—22页。
2 《马克思恩格斯文集》第2卷,人民出版社2009年版,第22页。

今天还能同我站在一起亲眼看见这种情景,那该多好啊!"[1]

6.1892年波兰文版序言

1892年波兰文版序言是恩格斯为《共产党宣言》第三个波兰文版写作的。《共产党宣言》的第一个波兰文版在1848年《共产党宣言》原版出版后不久就在英国伦敦出版了。1882年,波兰第一个无产阶级政党"无产阶级"成立,《共产党宣言》的第二个波兰文版也于当年在伦敦出版。1892年,波兰社会党人在伦敦创办的《黎明》杂志上出版了《共产党宣言》的第三个波兰文版,恩格斯应邀为该版本撰写了序言。

《共产党宣言》波兰文版(1892年)

在这篇序言中,恩格斯主要表达了波兰无产阶级兴起的历史必然性与波兰无产阶级所肩负的维护波兰独立的历史使命。恩格斯认为,"近来《宣言》在某种程度上已经成为测量欧洲大陆工业发展的一种尺

---

1 《马克思恩格斯文集》第2卷,人民出版社2009年版,第22页。

度"[1],《共产党宣言》的新波兰文版本就是波兰工业重大发展的标志,而当时的波兰工业已经超过了俄国。这是因为,随着一个国家工业的发展,该国工人阶级不仅数量随之发展而且弄清自身所处地位的愿望也会随之变得更为强烈,"对《宣言》的需求也就越增长"[2]。

在写作这篇序言时,波兰人民正处于沙皇俄国的统治之下。恩格斯指出,波兰独立的意义深远,"一个独立强盛的波兰的复兴是一件不仅关系到波兰人而且关系到我们大家的事情"[3]。恩格斯所说的"波兰的复兴"是指,波兰曾经非常强大,但是在17世纪日益衰落,并且在18世纪被沙皇俄国、奥地利和普鲁士三次瓜分。"关系到我们大家的事情"则是指,只有在每个民族能够独立管理本民族时,各民族的合作才能够实现。恩格斯指出,波兰贵族没有能力保障波兰的独立,而波兰资产阶级则认为波兰独立是一件无关痛痒的事情,因此,"这种独立只有年轻的波兰无产阶级才能争得,而且在波兰无产阶级手里会很好地保持住"[4]。

---

1 《马克思恩格斯文集》第2卷,人民出版社2009年版,第23页。
2 《马克思恩格斯文集》第2卷,人民出版社2009年版,第23页。
3 《马克思恩格斯文集》第2卷,人民出版社2009年版,第24页。
4 《马克思恩格斯文集》第2卷,人民出版社2009年版,第24页。

7.1893年意大利文版序言

恩格斯（1893年）

1893年，恩格斯在意大利社会党领袖菲·屠拉梯的请求下，为《共产党宣言》意大利文版写作序言，这是《共产党宣言》意大利文的第三个版本。《共产党宣言》的第一个意大利文版出版于1889年，比德文版晚了40多年，并且内容有诸多简化的部分。《共产党宣言》的第二个意大利文版是根据巴黎新闻《社会主义者》的法文版翻译的，于1891年出版。

恩格斯在1893年意大利文版序言中论证了民族独立对民主革命的基础意义，分析了民主革命与社会主义革命的关系问题，并展望、颂扬了无产阶级运动在即将来临的新世纪的更辉煌的未来。恩格斯指出，民族独立对于资产阶级民主革命具有基础性的意义。1848年革命是工人阶级主导的，并且工人阶级为之流血牺牲，但是革命的果实却被资产阶级所窃取。这次革命虽然失败了，却帮助资产阶级夺取了政权，而"镇压1848年革命的人违反自己的意志充当了这次革命的遗嘱执行人"[1]。意大利于1870年独立，德国于1871年统一，民族独立和国家统

---

1 《马克思恩格斯文集》第2卷，人民出版社2009年版，第25页。

五、不断发展的七篇序言

一为两国的资本主义发展提供了坚实的保障,也为资产阶级民主革命奠定了社会基础。恩格斯指出,"1848年革命虽然不是社会主义革命,但它毕竟为社会主义革命扫清了道路"[1]。上述民族独立、民主革命和社会主义革命的关系问题说明,无产阶级革命在全球胜利的前提是无产阶级必须在本国推翻资产阶级的统治,而资产阶级获得统治地位的基础则是本民族实现独立,"不恢复每个民族的独立和统一,那就既不可能有无产阶级的国际联合,也不可能有各民族为达到共同目的而必须实行的和睦的与自觉的合作"[2]。这是该版序言对《共产党宣言》中"全世界无产者联合起来"口号的补充和发展。

依据资本主义近半个世纪的快速发展,恩格斯对意大利无产阶级革命的胜利寄予厚望,并希望《共产党宣言》的意大利文版本能够成为这种胜利的良好预兆,"现在也如1300年那样,新的历史纪元正在到来。意大利是否会给我们一个

《共产党宣言》意大利文版(1893年)

---

1 《马克思恩格斯文集》第2卷,人民出版社2009年版,第26页。
2 《马克思恩格斯文集》第2卷,人民出版社2009年版,第26页。

新的但丁来宣告这个无产阶级新纪元的诞生呢?"[1]
这体现了恩格斯对共产主义新纪元必将到来的坚定
信念。

---

[1] 《马克思恩格斯文集》第2卷,人民出版社2009年版,第26页。

六、在世界的传播历程

自 1789 年《人权宣言》发表后,迄今为止最重要的单篇政治文献非《共产党宣言》莫属。现在回看这篇重要的文献,虽然书中根据当时实际情况所提出的一些具体革命策略很快就已经过时了,然而它的生命力并没有因为时间的流逝而消退。在诞生后的 170 年里,《共产党宣言》始终吸引着人们去阅读,并且人们始终能够从中得到教益。霍布斯鲍姆在《共产党宣言》的 150 周年纪念版导言中讲道:"简言之,在 1848 年可能让一般读者受到震撼的是《共产党宣言》的革命言辞,或者充其量是看起来有理的预言,在今天,它们则被理解为 20 世纪末资本主义的简要特征。"[1] 英国剑桥大学教授盖瑞斯·琼斯在 2002 年

《人权宣言》全称《人权和公民权宣言》(1789 年 8 月 26 日颁布),是法国大革命时期颁布的纲领性文件,体现了资产阶级民主的最基本原则

---

1 Karl Marx, Friedrich Engels, *The Communist Manifesto: A Modern Edition*, introduction by Eric Hobsbawm, London: Verso, 1998, p. 18.

盖瑞斯·琼斯，英国著名左派历史学家。为了纪念马克思诞辰200周年，2016年他出版了一部新的马克思传记《卡尔·马克思：伟大与幻象》（下图）

企鹅经典丛书版《共产党宣言》导言中则指出："当我们在新千年的起点上、在人们关于全球化和失控的无休止的议论中重新审视《共产党宣言》时，发现它所勾画的现实图景是如此的令人震撼和具有当代感，就像在描绘我们身处其中的这个世界！我们的这种感觉和1848年人们读它时的感觉是一样的。"[1]

不过，《共产党宣言》并不是与生俱来就拥有历久弥新的世界性影响力的，这是它对世界不断"征服"的结果。我们可以把它"征服"世界的历程大致划分为四个时期："蛰伏"（1848—1871）、"征服"欧洲（1871—1917）、"征服"世界（1917—1991）、"再兴"（1991年以后）。

企鹅经典丛书版《共产党宣言》

1　Karl Marx, Friedrich Engels, *The Communist Manifesto*, introduction by Gareth Stedman Jones, London: Penguin Books, 2002, p. 5.

1."蛰伏"(1848—1871)

《共产党宣言》的写作时间正处于欧洲1848年革命大爆发的前夜。1848年1月,马克思在布鲁塞尔独自完成了最终的定稿工作,用德文写成了《共产党宣言》的最终文本。当时,1848年革命的烈火已经率先在西西里点燃。《共产党宣言》的序言因此满怀信心地宣布:"各国共产党人集会于伦敦,拟定了如下的宣言,用英文、法文、德文、意大利文、佛拉芒文和丹麦文公布于世。"[1]那么,第一版《共产党宣言》是怎样刊印出版的呢?《共产党宣言》第一版是于1848年2月在伦敦用德文以单行本的形式出版的。在《共产党宣言》的几版序言中,马克思、恩格斯都曾回忆过这一版本当时的出版情况。"1872年德文版序言"说,"《宣言》原稿在二月革命前几星期送到伦敦付印"[2]。在"1888年英文版序言"中,恩格斯更是详细地指出:"手稿于1848年1月用德文写成,并在2月24日的法国革命前几星期送到伦敦付印。"[3]1848年1月底,马克思、恩格斯将最终完成的《共产党宣言》手稿交付给了伦敦主教路利物浦街46号德意志工人教育协会印刷所进行刊印。这

---

[1] 《马克思恩格斯文集》第2卷,人民出版社2009年版,第30页。
[2] 《马克思恩格斯文集》第2卷,人民出版社2009年版,第5页。
[3] 《马克思恩格斯文集》第2卷,人民出版社2009年版,第11页。

一版本的《共产党宣言》全书配有浅绿色、镶有花边的封面，没有作者署名，总共23页，大约印刷了几百册。在当时，共产主义者同盟作为一个国际工人组织还处在秘密状态，因此该版《共产党宣言》并不算是正式出版物，也没有在市面上公开出售，而仅仅是作为同盟的内部材料分发给各地的同盟成员。

《共产党宣言》第一版的出版，正赶上1848年欧洲革命的重要组成部分——法国二月革命——的爆发，革命浪潮几乎波及了全欧洲。在革命形势的鼓舞下，共产主义者同盟的各国成员都急切地准备回国参加革命。在这种情况下，《共产党宣言》刚一出版，就直接成为了工人组织手中的尖锐武器。根据欧洲革命形势的需要，《共产党宣言》又被陆续翻译成欧洲多种主要文字。法译本于同年6月在巴黎出版，而波兰文译本、丹麦文译本也在德文原版问世后不久陆续出版，并被返回各自祖国参加革命的同盟成员带回、散发，马克思、恩格斯在回国时也携带了许多《共产党宣言》。可以说，《共产党宣言》刚一出版，就乘着大革命的风潮在欧洲到处播种了。

1848年革命失败后，《共产党宣言》受到了欧洲资产阶级当局的打压，被迫转入地下。但《共产党宣言》正像一颗富有巨大生命力的种子，尽管面临着恶劣的外部环境，却仍然顽强地生根发芽。在1848年革命中发挥了实际作用的《共产党宣言》德文本，

六、在世界的传播历程

于19世纪40至60年代在德国境内多次印刷。1849年初,德国小资产阶级民主派的《大胡蜂》报就发表了由小资产阶级民主主义者克耳纳改写出版的《共产党宣言》。1849年4月,该报转载了《共产党宣言》的第一章,同时作了一些文字和标点的更改,以及字句的删节。1853年,普鲁士官方在柏林发表了《共产党宣言》德文版全文。之所以会出现这种荒诞的事情,是因为普鲁士当局为了起诉科隆案件中被捕的同盟成员,而将《共产党宣言》作为"反面教材"、罪证刊印了普鲁士警官施梯伯和维尔穆特编写的著名黑书《十九世纪共产党人的阴谋》上。《共产党宣言》德文版全文就以这样荒诞的方式第一次公开问世了。

1848年法文版的重印本(1983)

《共产党宣言》的第一个英译本出现于1850年。恩格斯原计划亲自将《共产党宣言》翻译成英文,但1848年4月欧洲革命斗争进入高潮后,恩格斯被迫终止这项已经提上日程的工作,将它托付给海伦·麦克法林女士。在恩格斯的具体帮助下,海伦·麦克法林女士将《共产党宣言》全文翻译成了英文,并于1850年11月以"德国共产党宣言"为题发表在恩格斯的朋友、英国宪章派领袖乔·朱·哈尼领导的《红色共和党人》杂志上。在这一版本中,

1848年瑞典文版

马克思和恩格斯被注明为《共产党宣言》的作者，二人的作者身份首次被公布于世。

1852 年科隆共产党人审判案后，共产主义者同盟正式宣布解散，国际共产主义运动陷入了低潮。与此同时，资本主义工业化在欧洲的发展驶向了快车道，一切都在向着有利于资产阶级的方向发展，《共产党宣言》揭示的资本主义危机似乎隐而不见了，在 1848 年欧洲革命中被镇压的工人阶级似乎只能继续忍受资本的压迫。在这种背景下，马克思主义似乎注定要退向后台了，而《共产党宣言》也开始了长达十多年的"沉寂"时期。不过，就是在这一漫长的"沉寂"

巴枯宁（1814—1876），俄国早期无产阶级革命者、无政府主义者。1864 年加入马克思、恩格斯领导的第一国际，1872 年被开除出第一国际

中，1869 年巴枯宁翻译的第一个俄译本出现了。由于当时沙皇俄国严厉的书报检查制度，涉及《共产党宣言》的印刷品根本不可能公开发行出版。因此，该版本于 1869 年由日内瓦的《钟声》印刷所刊印出版。该俄文版没有封面和扉页，书名就在正文的前面，书中没有标题与出版地点和时间，译者、作者以及出版人和编辑的信息也没有指明，而且在内容的翻译方面也有很多地方并不确切。尽管如此，在当时俄国艰苦的革命背景下，该俄译本的出版具有重大意义。该版本出版后不久就被秘密运往俄国，在革命者中悄悄流传，为马克思主义在俄国的传播发挥了重要作用。

从 1850 年到 1869 年，除了第一个英文版和第一

六、在世界的传播历程

个俄文版,《共产党宣言》没有再出现其他新的译本。但它并没有在出版史上留下空白,仍旧顽强地出现在一些出版物上。据统计,在这近20年的时间里,《共产党宣言》多次在各种刊物上被引用或提及。其中英文刊物有2次,瑞典文刊物有2次,俄文刊物有2次。德文版在这些年中总共再版了5次,被引用达16次。1848年至1869年间,法文版曾5次准备出版,但是均告失败。

在"1872年德文版序言"中,马克思、恩格斯对《共产党宣言》诞生25年来的出版情况进行了详细回顾:《共产党宣言》最初是在伦敦用德文出版,随后不久波兰文本和丹麦文本就出现了,1848年六月起义前法文译本在巴黎刊印。波兰文本出版于伦敦,俄文版本出版于日内瓦。如果不算德文初版的话,1872年以前,《共产党宣言》至少有6种文字22种版本:德文12种,英文4种,法文3种,波兰文、俄文、丹麦文各1种。其中,至少包括德、英、法3种文字6种版本都是在美国出版的,这也在一定程度

描绘德国1848年革命的绘画

上体现了当时《共产党宣言》在欧洲的艰难处境。

2."征服"欧洲（1871—1917）

1848年革命后，欧洲进入资本主义大发展大繁荣的"资本的年代"，"共产主义的幽灵"似乎隐而不现了。与此同时，当1848年《共产党宣言》诞生时，工人运动还只限于由少数手工业者、工匠组成的小党派政治活动圈子，运动范围极其狭小。而且受制于条件限制，当时能读到《共产党宣言》的人很少，而能够读懂的人就更少了。进入19世纪60年代后，西欧工人阶级开始逐渐形成独立的群众性运动，工人阶级运动也逐渐从低潮中恢复并日益蓬勃地发展起来。这些都为《共产党宣言》的广泛传播打下了基础。1864年，马克思、恩格斯推动成立了第一国际，并在第一国际中发挥了重要的思想领导作用。特别是在1871年巴黎公社起义期间，马克思、恩格斯对巴黎公社起义给予了有力的支持。1871年6月，马克思为第一国际起草的《法兰西内战》在伦敦出版。在该书中，马克思系统阐发了对刚刚失败的巴黎公社的发展过程及其历史意义的看法。这使得他"荣幸地成了伦敦受诽谤最多、受威胁最大的人"[1]。这一切都使得马克思、

---

[1] 《马克思恩格斯全集》第33卷，人民出版社1973年版，第236页。

六、在世界的传播历程

恩格斯的名声传遍了欧美。人们对马克思、恩格斯的著作重新产生了兴趣,而各国的社会主义者开始纷纷介绍、阅读和研究他们的著作。

就这样,作为马克思主义思想的一部重要载体,《共产党宣言》开始重新走上前台。如果说19世纪60年代末俄国版《共产党宣言》的出版还只能算作前奏,那么进入19世纪70年代,《共产党宣言》出版和传播的真正高潮就到来了。《共产党宣言》开始如雨后春笋般在整个欧洲迅速流传开来,并开始逐渐在世界各地生根发芽。

1875年俄文第一版
(1885年重印版)

《共产党宣言》俄文第一版出版两年后,《共产党宣言》的塞尔维亚文版在南斯拉夫的潘切瓦首次出版了,译者为弗拉达·廖季奇。全文被陆续刊登于1871年4月初至5月底的《潘切瓦人报》上,共分为十期。

1871年7月,在芝加哥出现了根据1866年德文版翻印的20页的《共产党宣言》。

1871年12月30日,纽约《伍德赫尔和克拉夫林周刊》第7期上发表了《共产党宣言》的英文本,译本有删节。该译本是根据1850年刊登在《红色共和党人》上的麦克法林译文重印的,标题为"德国共产党的宣言"。

紧接着,1872 年,根据在《伍德赫尔和克拉夫林周刊》上发表的麦克法林女士的英译本,《共产党宣言》法文本第一版在美国纽约通过转译出版了。全文以"卡尔·马克思的宣言"为标题,发表在美国的国际法国人支部机关报《社会主义者报》1 月至 3 月号上。译者没有署名,第四章的结尾部分被删减。

在这个法译本的基础上,又不断衍生出多种其他文字的译本。首先是不久之后诞生的西班牙文版的《共产党宣言》。该版本的译者是西班牙人梅萨。梅萨翻

巴黎公社是 1871 年 3 月 18 日到 5 月 28 日期间短暂地统治巴黎的政府。马克思肯定巴黎公社是工人阶级的政府,并热情称颂:"工人的巴黎及其公社将永远作为新社会的光辉先驱受人敬仰,它的英烈永远铭记在工人阶级的伟大心坎里。那些杀害它的刽子手们已经被历史永远钉在耻辱柱上,不论他们的教士们怎样祷告也不能把他们解脱。"

译《共产党宣言》依据的是恩格斯寄给他的法译本。而该法译本是恩格斯在参考并修改了一个在美国的法国人的译本之后完成的版本。但梅萨在翻译中删掉了《共产党宣言》第三章中的"德国的或'真正的'社会主义"的内容，因而这个译本内容是不全的。1872年11月至12月，该西德文牙译本在马德里出版的国际马德里支部的机关报《解放报》的附页上被连续刊载。依据这个1872年西班牙文的译本，《共产党宣言》之后又被翻译成葡萄牙文。1873年葡萄牙文版在里斯本出版，被发表在葡萄牙工人协会机关报《社会思想报》的3月至4月的连载栏上。同时连载的还有国际工人协会的章程和《共产党宣言》1872年德文版的序言。

在《共产党宣言》被各种文字不断翻译、转译的热潮当中，出版一本高度符合作者原意、严格依据原文版的《共产党宣言》就显得十分急迫了。

1872年3月，普鲁士政府以"叛国罪"审判了支持巴黎公社的德国社会民主党领袖。因为诉讼程序规定要读《共产党宣言》的文本，于是德国社会民主党借机大规模公开印刷发行了《共产党宣言》的新德文版。马克思、恩格斯为之写了新的序言。德文版的《共产党宣言》虽然直到19世纪80年代初还曾多次再版，如1873年苏黎世《邮袋报》刊登的德文本，1874年维也纳《人民意志报》上的德文本，1874年莱比锡合作出版社出版的德文本等，但其中最重要的是马克思、恩格斯加序的1872年版和1883年版。马克思、恩格斯为《共产党宣言》所写的序成为了之后出版的《共产党宣言》不可缺少的组成部分。

1872年西班牙文第一版

同一时期还有1873年根据布达佩斯《工人纪事周报》刊登的《共产党宣言》第一章(德文)译文译出的匈牙利文本。1882年，捷克文版的《共产党宣言》被发表在《美国工人》杂志上，在纽约得以出版。由普列汉诺夫根据1872年德文版翻译完成的1882年俄文版《共产党宣言》也是一个重要的译本，马克思、恩格斯为之写序。该版本的序也是马克思生前为《共产党宣言》写的最后一个序。1882年5月，俄译本与这篇序一起在日内瓦出版。俄文版《共产党宣言》的翻译和出版成为了俄国民粹主义者向马克思主义者转变的关键一步。

除上述以外，在1871年至1917年的欧洲，《共产党宣言》被首次用各种文字进行了大量的出版与传播，其概况如下：

1883年，以1872年德文版为蓝本的波兰文版《共产党宣言》在日内瓦出版。此版《共产党宣言》包括了 1872 年和 1882 年的作者序言以及译者皮卡尔斯基的前言。1884 年 1 月丹麦文版《共产党宣言》被刊载在哥本哈根出版的丹麦社会民主党中央机关报《社会民主党人报》上，全文根据 1883 年德文版译出。1886 年，挪威文版《共产党宣言》出现在挪威社会民主党的机关报《社会民主党人报》上。1889 年，意大利文版《共产党宣言》被发表于意大利克雷莫纳出版的《人民回声》8 月至 11 月号上，译本根据 1883 年德文版译出。1891 年 2 月，保加利亚文版《共产党宣言》出版于保加利亚的鲁塞。1892 年，荷兰文版《共产党宣言》全文出版于阿姆斯特丹。1892 年，罗马尼亚文版《共产党宣言》由雅西的米隆·克斯丁印刷所首次出版。1894 年，《共产党宣言》的亚美尼亚文译本被刊登于雅典《加哈帕尔》6 月第 1 期和 9 月第 2 期上。1895 年，《共产党宣言》的拉脱维亚文译本问世了。1897 年，格鲁吉亚文版《共产党宣言》以油印小册子的形式出版。1902 年，乌克兰文版《共产党宣言》由利沃夫的乌迪洛拉出版社出版。1904 年，克罗地亚文版《共产党宣言》发表在由未来出版社出版的"社会主义丛书"第一部分中。1905 年，乌尔辛据法译本将《共产党宣言》译成芬兰文出版。1908 年，斯洛文尼亚文版《共产党宣言》刊登在由"前进"杂志社出版的丛书中，在南斯拉夫的伊德里亚出版。

1913年，斯洛伐克文版《共产党宣言》由斯杜巴夫斯基译出……

据统计，在1871年至1917年间，《共产党宣言》在欧洲就用了30多种语言印行了几百版。到1918年止，欧洲主要文字中，德文版已有55个，法文版26个，英文版34个，意大利文版11个，丹麦文版6个，西班牙文版6个，瑞典文版5个，罗马尼亚文版4个，塞尔维亚文版4个，荷兰文版10个，波兰文版11个，芬兰文版6个，匈牙利文版9个，捷克文版8个，保加利亚文版7个，塞尔维亚文版1个，等等。总的看来，《共产党宣言》在西欧和东欧的影响较大，在南欧和北欧的影响则要小一些。同时，就发行数量而言，德国社会民主党对《共产党宣言》的重视程度反倒不如俄国以及英语国家的一些社会主义政党和团体，这和德国社会民主党不重视理论的传统有关。

《共产党宣言》在欧洲迅速传播的同时，由于其自身所具有的巨大影响力，也拉开了在亚洲传播的大幕。

《共产党宣言》是马克思、恩格斯著作当中最早被翻译为日文的。早在19世纪90年代，石谷齐藏与深井英五等日本学者就开始介绍马克思及其部分著作，并对《共产党宣言》的末段进行了简要的意译或翻译。1904年11月13日，幸德秋水与堺利彦根据1883年《共产党宣言》英译本将其翻译成日文。东京出版的《平民新闻》对日译本进行了转载,但由于译者缺译了第三章而没有刊登该部分。因为刊登了《共产党宣言》,该期《平民新闻》在出版的时候遭到了警察局的查禁。在此之前已经有4000份《平民新闻》流传了出去,而剩余的4000份则遭到查封。事后日本当局对出版人和《共产党宣言》的译者进行了处罚。尽管如此,堺利彦仍于1906年将《共产党宣言》第三章进行了补译,并于同年3月在东京出版的《社会主义研究》第一期上发表了日文版《共产党宣言》的全文。日译本是亚洲较早的《共产党宣言》译本,在亚洲产生了较大影响。

3."征服"世界(1917—1991)

马克思主义理论在传入俄国之后,就受到了俄国社会主义者的高度重视,这也使得俄国逐渐成为了《共产党宣言》的传播中心。特别是在恩格斯去世之后,到十月革命前后,俄文版《共产党宣言》出版次数多达77次。列宁领导下的布尔什维克更是重视对马克思主义经典著作《共产党宣言》的学习、研究与宣传。[1]1905年革命失败后,俄国的各类《共产党宣言》

---

1 1892年,列宁组织了当时居住地的第一个马克思主义小组,并将《共产党宣言》译成了俄文在小组中传阅,但该译本没有流传下来。

译本大部分被俄国当局没收和销毁，并被严禁再版。1917年二月革命的爆发彻底推翻了书报检查制度乃至其背后的整个沙皇制度，马克思、恩格斯著作出版的热潮又重新开始了。在二月革命到十月革命的短暂期间，马克思、恩格斯著作的出版达到了高峰，共出版了20种以上。《共产党宣言》仍旧是其中出版最多的著作，这也刷新了《共产党宣言》传播史上的出版纪录。

列宁（1870—1924）

1917年十月革命胜利后，苏俄成为了世界上第一个社会主义政权。《共产党宣言》的传播首次上升为国家行为，马克思主义著作由苏俄的各个出版机构大量公开地出版发行。同时，随着共产国际的创立，苏俄也开始积极推动以《共产党宣言》为重点的马克思主义理论著作在世界各国的传播，这些都大大加强了《共产党宣言》在世界范围内的传播速度、力度与广度。

十月革命后，苏俄进入了艰苦的国内战争时期，但《共产党宣言》在困难的条件下仍然被大量翻印，仅在1918—1920年间就出版了多达35种，总印数超过50万册。其中俄文本有21种，其他民族语言的译本有14种。在苏俄，无论是中心城市还是地方城市，《共产党宣言》都被大量出版，遍及全国各地。

1921年，为了广泛收集、整理马克思、恩格斯的所有文献遗产，研究和筹备出版马克思主义经典著作文集，在列宁的倡议下，俄共（布）成立了世界上首个国家级的马克思恩格斯研究院。马克思恩格斯研究院于1923年开始出版书籍，《共产党宣言》以其重要的理论价值和广泛的影响力成为了研究院出版的第一本书。仅仅到1931年，《共产党宣言》就出了14版，总印数达到150万册。1931年，马克思恩格斯研究院与列宁研究院合并为马克思恩格斯列宁研究院。合并后，研究院以1906年沃罗夫斯基的译本为依照，并在对普列汉诺夫的译本进行大量参考的基础上，于第二年出版了《共产党宣言》的新版本。到1938年之前，这个新版本共翻印了12次。到这一时期，苏联境内出版的《共产党宣言》的总印数已经超过了2700万册，其中还包含了各民族语言本约38万多册。

到了1939年，马克思恩格斯列宁研究院又出版了一个《共产党宣言》的新译本。新译本的正文在直接采用了列宁译本的同时，也对沃罗夫斯基和普列汉诺夫的译本进行了参考。此外，马克思、恩格斯为各版《共产党宣言》写的序言也在新版本中被全部刊载。恩格斯写的《共产主义原理》和《共产主义者同盟章程》也以附录的形式被一并收入到新译本中。同时，《共产党宣言》德俄对照本也由马克思恩格斯列宁研究院出版了。

卫国战争的爆发也没有打断《共产党宣言》的出版进程。1942年，《共产党宣言》在斯维尔德洛夫斯克出版了5万册。1944年，《共产党宣言》的雅库特语译本于雅库茨克出版。战争刚结束，苏联国立政治书籍出版社就连续两次印刷了30万册和25万册的《共产党宣言》。而《共产党宣言》的白俄罗斯语、拉脱维亚语、立陶宛语、鞑靼语、卡拉卡尔帕克语等译本也在1945—1947年间接连出版或重印。

1948年，苏共中央马克思恩格斯列宁研究院为了纪念《共产党宣言》发表100周年，以1939年译本为依据，在进一步整理和核订的基础上推出了印数达20万册的纪念版。该版同1939年译本一样，也将马克思、恩格斯为《共产党宣言》写作的所有序言收录在内。同时，《共产党宣言》的初版封面、1882年俄文版的封面以及马克思、恩格斯为1882年俄文版所写序言手稿的照片也首次在书的插页中刊出。此外，马克思恩格斯列宁研究院还刊印出版了1.5万册附有德文原文的《共产党宣言》版本。

20世纪50年代以来，苏联继续大量出版《共产党宣言》。除了大量推出各种文字版本的单行本，如俄文版本、苏联其他民族文字版本和各种外文版本之外，《马克思恩格斯全集》俄文版的两个版本也都收录了《共产党宣言》及其各版序言。截至苏东剧变之前，苏联印刷出版的《共产党宣言》版本与印数之多，难以计数。据苏联学者自己的统计，到1973年1月1日为止，苏联出版的《共产党宣言》版本，包括了74种文字，共有2434.1万册。1988年，德国学者格姆科夫也指出，苏联从十月革命胜利到1987年的70年间，出版的《共产党宣言》版本共计约有400个。

十月革命的胜利推动了国际共产主义运动的发展，促进了马克思主义在世界范围内的传播。《共产党宣言》作为马克思主义的经典著作，对它的传播和研究始终是其他国家的进步势力、社会主义政党和马克思恩格斯著作研究者工作的重心之一。两次世界大战之间，由于资产阶级的绞杀和镇压，欧洲社会主义和进步力量都陷入艰难的处境当中，尤其是在欧洲法西斯势力开始肆虐以后，对社会主义力量更是采取了疯狂的攻击。在这种困难条件下，社会主义政党仍然通过各种努力、采用各种手段，保证包括《共产党宣言》在内的马克思、恩格斯著作得以继续出版和发行。德国共产党于1935年用印刷伪装本的手段发行《共产党宣言》便是一个生动的例子。1933年德国纳粹上台后实行一党专制，通过阴谋策划柏林国会大厦纵火案，嫁祸于德国社会主义力量和其他进步力量。德国共产党受到了重大打击和迫害，被迫转入地下，难以开展正常活动。在这种艰难的条件下，德共设法用小开本、薄篇幅和各种不相干的封面、书名和前言等把社会主义书籍"包装"起来，用"伪装书"的形式向各处印发散播，努力传播社会主义思想。《共产党宣言》曾利用赫尔曼·加肯霍尔茨所著的《凡尔赛和约及其后果》的封面包装起来，做成了一本64开本的56页小册子，翻开书名页、版权页和序言都看不出破绽，而正文印的却是《共产党宣言》的内容。

二战结束以后，东欧各国以及亚洲的朝鲜、越南和中国等社会主义政权如雨后春笋般纷纷建立起来，社会主义阵营开始形成，世界形势出现了巨大变化。在这种背景下，《共产党宣言》的传播与原来相比有了更好的外部环境。在德国，德共和德国社会民主党出版机构在纳粹法西斯垮台后，重新开始公开发行马克思主义经典著作，而《共产党宣言》就是他们所出版的第一部政治理论著作，双方各自印发了10万册。此外，包括《共产党宣言》在内的马克思、恩格斯著作在东欧各国也迎来了出版的热潮，发行量十分可观。仅以柏林狄茨出版社一家为例，1988年以前，该出版社出版的《共产党宣言》的印数就高达750万册以上。而在欧美资本主义世界，《共产党宣言》的版本也为数不少。不仅各国社会主义政党高度重视对《共产党宣言》的学习与传播，"马克思学"的学者也把相当大的注意力放在对《共产党宣言》的研究上。以英美为例，主要发行的《共产党宣言》版本不仅有1888年由恩格斯审定的穆尔译本，还包括1947年的芝加哥版、1948年的伦敦纪念版、1949年的芝加哥版、1958年的芝加哥版、1959年的纽约版、1961年的伦敦版、1965年的纽约版和1971年的纽约版等。此外，还出现了一些新译本，如《每月评论》出版社

1964年出版的保罗·斯威齐译本。另外，有的译本除了刊登《共产党宣言》的原文以外，还附有一些后世评论者的重要文章和编者自己写作的导言。这类译本可以列出两个代表性版本：首先是1971年由纽约国际出版社出版的《〈共产党宣言〉的产生》，主编是D.J.斯特罗伊克。该版本包括《共产党宣言》正文、马克思和恩格斯为《共产党宣言》作的所有序言、马克思和恩格斯对共产主义者同盟的有关评论、《共产主义信条草案》、《共产主义原理》、《共产党在德国的要求》、《共产党宣言》在美国的早期传播史以及作者的一篇《〈共产党宣言〉的诞生及其历史意义》。其次是1988年纽约和伦敦出版的《卡尔·马克思的〈共产党宣言〉》，由F.L.本德主编。这一版本包括《共产党宣言》正文、马克思、恩格斯所作的各版序言、与《共产党宣言》有关的大事年表、由本德写的《〈共产党宣言〉的历史和理论背景》、若干篇有关的考证和研究文章、马克思主义史上一些重要人物(伯恩施坦、考茨基、列宁、麦克斯、阿德勒、托洛茨基等)对《共产党宣言》的评论以及一组当代学者的论文等。以上述两种为代表的研究性版本，都包含有导言、各种附录以及各种研究性文章。相比于单独一本《共产党宣言》，这些研究型版本有助于研究者更好地了解各种背景与研究成果。此外，《共产党宣言》还推出了许多在版式和装订上推陈出新的新版本。例如在1990年,德国就出版了一款方仅盈寸的微型《共产党宣言》,主打怀旧模式,模仿1848年初版采用的黄绿色封面以及周围的齿状花边装饰,并环绕着哥特体德文书名,凸显了浓重的历史气息。

4."再兴"(1991年以后)

20世纪80年代末,由于体制僵化带来的积重难返,以及西方的和平演变,东欧一些社会主义国家共产党和工人党在短时间内纷纷丧失政权。1991年8月,列宁缔造的苏联共产党被"暂停在苏联全境的活动"。12月,苏联解体。世界共产主义运动由此陷入低潮。这虽然让《共产党宣言》的传播失去了外部政治力量的支持,但也由此走出了长期以来一直笼罩在自己头上的意识形态阴影,以一种更纯粹的方式继续存在并影响世界。

1998年是《共产党宣言》发表150周年,全世界都在以各种方式纪念这部对过去150年来的人类历史进程产生了重大影响的名著。据报道,马克思故居展览馆从2月26日起开始举办《共产党宣言》珍本特别展。包括初版和各种早期译本在内的50种珍贵版本,其中也有中文版的《共产党宣言》。法国、俄国、美国、巴西、古巴、芬兰、匈牙利、黎巴嫩、以色列、埃及等国都有不同形式的纪念活动。1998年,巴黎召开了规模宏大的"纪念《共产党宣言》发表150周年国际大会"。大会组织者之一拉扎尔夫人说:"《共产党宣言》不是一般的书。它不是冰,而是碳,放在锅里能使水沸腾起来。我们为什么不使历史重新沸腾起来呢?"这次大会的召开标志着《共产党宣言》走出了苏联解体的阴影,以新的面貌重新进入当代世界。在巴西,纪念《共产党宣言》发表150周年筹委会在全国工会组织"工人统一中心"的支持下成立。该筹委会在1998年举办了一系列以《共产党宣言》为主题的研讨会和纪念会,并在工会赞助下发行了50万册《共产党宣言》的普及本。

2008年是《共产党宣言》发表160周年,同时西方也爆发了严重的金融危机。事实证明,《共产党宣言》中的许多分析都与当今时代相符,仍然没有过时,这也是《共产党宣言》旺盛生命力之所在。西方国家借此机会开始重新出版《共产党宣言》,各国理论界人士也对《共产党宣言》进行了新一轮解读,注解、阐释、研究和宣传《共产党宣言》的著作和文章难以计数。大多数学者都肯定了《共产党宣言》的当代价值。他们普遍认为,马克思主义理论在今天仍给予我们重要的启迪。无论是160年以前,还是在当代,《共产党宣言》都有着恒久的吸引力。

总之,尽管世界已发生了巨大变化,这部名著在人们心目中的魅力却未有稍减。在《共产党宣言》发

表170周年之际,《共产党宣言》中所阐述的基本原理在与各国具体实际和时代特征相结合的过程中,仍将不断得到丰富和发展。它的光辉思想将永远激励着全世界劳动人民为争取美好未来而斗争。

七、在中国的传播历程

中国是在社会大动荡和列强入侵的屈辱中走进20世纪的。旧的封建制度已经彻底沦为了帝国主义镇压人民的帮凶，在已经觉醒起来的中国人面前开始摇摇欲坠，行将崩溃，而新社会的曙光依然若隐若现。为了寻找救国救民的真理，寻找新的社会道路，寻找中国未来的理想社会制度，当时中国的先进群体尝试了各种理论，进行了各种道路选择。而《共产党宣言》及其所代表的马克思主义就是在这种形势下传播进来的，并在实践中最终被确立为指导中国革命的思想武器。

《共产党宣言》的传入与1898年这个年份有着不可不说的关联。1898年是一个有着特殊意义的年份，这一年中国开始了戊戌变法，但不到百天就被顽固的封建地主阶级扼杀了。如果说1894年甲午海战中的惨败惊醒了沉睡的中国人，使先进的中国人认识到不能只在社会的"器物"层面改造中国，还必须在"制度"层面改造中国，那么，1898年戊戌变法的失败，则进一步使人们认识到,改良在中国走不通,只有通过革命才能救亡图存。所以,在1898年前后,中国思想界十分活跃。在先进中国人寻找救国救民道路的过程中,西方思潮开始被大量介绍到中国社会。

1.《共产党宣言》最初传入中国

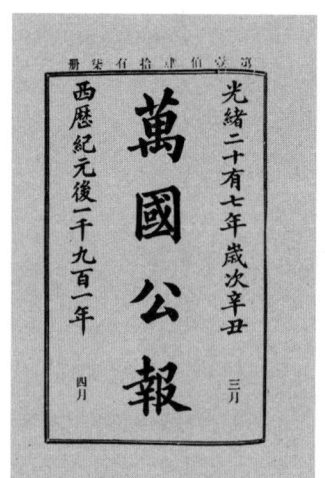

《万国公报》是近代中国具有巨大影响的一份政治时事性刊物。它原名《教会新报》,1868年由美国传教士在上海创办,先为周刊,后改为月刊,1883年因经济原因停刊,1889年2月复刊,1907年7月终刊

1899年2月,上海的《万国公报》第121期上刊发了一篇题为"《大同学》第一章《今世景象》"的文章,文中写道:"其以百工领袖著名者,英人马克思也。马克思之言曰:纠股办事之人,其权笼罩五洲,突过于君相之范围一国。吾侪若不早为之所,任其蔓延日广,诚恐遍地球之财币,必将尽入其手。然万一到此时势,当即系富家权尽之时。"这是马克思的名字第一次出现在中文报刊上。文中引文出自《共产党宣言》,现译为"资产阶级由于开拓了世界市场,使一切国家的生产和消费都成为世界性的了"[1]。

《大同学》一文由英国传教士李提摩太翻译,

1《马克思恩格斯文集》第2卷,人民出版社2009年版,第35页。

蔡尔康执笔。19世纪90年代以后,李提摩太积极推动清政府的革新,是当时维新派的精神领袖。译介欧洲最新思潮是李提摩太影响中国的重要方式之一。《大同学》实际上是对英国社会学家本杰明·基德(Benjamin Kidd,1858—1916)1894年出版的《社会进化》一书的节译。基德写该书的目的是想说明马克思的社会主义和赫伯特·斯宾塞的社会达尔文主义对未来社会的构想都存在缺陷,对于社会进化而言,真正重要的是宗教。也就是说,不管是基德还是李提摩太,他们不是马克思主义者,甚至不是左派,更不是有意识地想在中国传播马克思主义,他们只是将马克思主义当作了众多社会主义学说之一,并以只言片语的方式传入了中国,但这却在客观上共同促成了马克思主义及《共产党宣言》进入中国。

斯宾塞(1820—1903),英国哲学家。斯宾塞葬在海格特公墓,且墓地就在马克思墓附近

1889年第二国际即"社会主义国际"(1889—1916)成立后,国际共产主义运动日益发展壮大,成为欧美政治舞台上无法忽视的一支重要力量。以李提摩太的译介为主要中介,19世纪末20世纪初,中国的各种进步政治力量都先后注意到了这一点,并以各种方式予以回应。在这个时候,表现得最为积极的是以孙中山为代表的资产阶级革命派。1896年,孙中山伦敦蒙难后在英国留居了近一年。在此期间,孙中山第一次知

李提摩太(1845—1919)

道了马克思与恩格斯的名字以及二人的活动状况,并阅读了《共产党宣言》等马克思主义的著作,从中受到了很大的影响。宋庆龄曾评论:"就在这一海外活动时期,孙中山根据他当时的理解,制定了他的民族主义、民权主义和民生主义。他知道马克思和恩格斯,他也听到了关于列宁和俄国革命活动的消息。早在那个时候,社会主义就对他发生了吸引力。他敦促留学生研究马克思的《资本论》和《共产党宣言》并阅读当时的社会主义书刊。"[1] 在孙中山的影响下,马君武、朱执信、宋教仁、廖仲恺等资产阶级革命派都曾撰文或译文向国内介绍《共产党宣言》及其他马克思主义著作。1903年2月15日,革命派马君武撰写的《社会主义与进化论比较》一文发表在《译书汇编》第2卷第11号上。文中首次以英文标题对《共产党宣言》进行了介绍。紧接着,由日本的福井准造著、赵必振译的《近世社会主义》一书于同年3月在改良派主办的上海广智书局出版。《共产党宣言》在书中被提及的地方共有四处,并被该书赞为"一大雄篇"。尤其值得一提的是孙中山的得力助手朱执信以"蛰伸"为名,在同盟会机关刊物《民报》1905年第2号发表文章

马君武(1881—1940)

---

1 宋庆龄:《孙中山:坚定不移、百折不挠的革命家》,载《人民日报》1966年11月13日。

《德意志社会革命家小传》。该文对《共产党宣言》的写作背景、基本思想和历史意义进行了详细介绍，这在中国还是首次。此外该文章还摘译了十大纲领等文字。文章指出，马克思与恩格斯"相友善"于巴黎，共同传播共产主义，一时"言共产主义者，群宗之，万国共产同盟遂推使草檄。布诸世，是为共产主义宣言，马尔克（按：即马克思）之事功，此役为最"。文章在简单介绍了《共产党宣言》要点和"十条纲领"后指出："马尔克既草共产主义宣言，万国共产同盟会奉以为金科玉律。"[1]可以看出，朱执信在文章中表达了对社会主义的同情，也表达了对马克思的崇敬，但是他并没有真正理解《共产党宣言》的思想，存在着一些误解，而且对《共产党宣言》的介绍也过于简略。

朱执信（1885—1920）

1907年，马克思于1875年在伦敦拍摄的肖像被刊登在上海世界社出版的《近世界六十名人》一书中，这是马克思的肖像第一次在中国公开登载。该肖像曾在之后广为流传，无论是在《共产党宣言》及其他马克思主义书籍的封面上，还是在红军时代中央革命根据地的货币上，都使用的是马克思的这张肖像。

但在此时的中国，马克思主义只是被当作西方众多学说之一，零零星星传入中国的。直到俄国十月革

---

[1] 蛰伸：《德意志社会革命家小传》，载《民报》1905年第2号。

命胜利之后,《共产党宣言》的指导思想——马克思主义才开始被中国的先进分子树立为指导思想并有意识地进行了系统研究和传播。

1917年俄国十月革命一声炮响,给中国送来了马克思列宁主义。此时,新文化运动正在中国蓬勃开展,中国工人阶级也在不断成长壮大,这些都给马克思主义的传播提供了思想条件和社会基础。与此同时,《共产党宣言》在中国的翻译、研究和传播也开始进入一个新阶段,这就是由自发翻译介绍到自觉研究介绍的阶段。

李大钊(1889—1927)

十月革命的胜利引起了以李大钊为代表的一批中国进步知识分子的注意,他们开始重新思考中国的前途和命运。李大钊时为北京大学图书馆主任,他利用工作之便,大量购置马克思主义书籍,研究马克思主义,并在进步青年中开展宣传和学习马克思主义的活动,成为了中国第一位马克思主义者。早在1918年,李大钊在演讲中就提到了《共产党宣言》,并用其中的阶级斗争观点对第一次世界大战进行了深刻分析,揭露了战争的帝国主义性质,并指出在一战中真正的胜利是社会主义的胜利,是布尔什维克的胜利。同年12月,李大钊又与陈独秀一起创办了《每周评论》。巴黎和会失败以后,五四运动爆发前,《每周评论》1919年第16号上刊登了成舍我节译的《共产党宣言》

七、在中国的传播历程

第二章的几段文字,包括十大纲领全文。文章中指出:"这个宣言是 Marx 和 Engels 最先最重大的意见……其要旨在主张阶级战争,要求各地劳工的联合。是表示新时代的文书。"同年 5 月 5 日,在马克思诞辰 101 周年纪念日之际,《晨报副刊》在李大钊的具体帮助下创辟了具有广泛影响的"马克思研究"专栏。该专栏从 5 月 5 日至 11 日连续发表了五篇论著,日本著名马克思主义经济学家河上肇所作的《马克思唯物史观》就是其中之一。此文首先讲到了《共产党宣言》的产生,又对《共产党宣言》第一章中有关历史唯物主义的基本观点进行了比较详细的摘录介绍,并且将《共产党宣言》的最后一段话进行了全文译载,即:"共产党以隐蔽主义、政见为卑劣的行为。所以我们公然向世人宣言曰:我们能够推倒现实一切的社会组织,我们的目的就可以达到。使他们权力阶级,在共产革命的面前要发抖的。劳动者所丧失的东西,是一条铁链。劳动者所得的东西,是全世界。愿我万国劳动者,团结毋懈。"这表达了全世界无产者要联合起来的愿望以及对共产主义必然胜利的信念。

河上肇(1879—1946)

1919 年 5 月和 11 月,李大钊又在《新青年》第 5、6 号上发表《我的马克思主义观》,文中在第五、六部分对《共产党宣言》的重要思想进行了介绍和摘译。这些行动都有力推动了《共产党宣言》在中国的传播，在推广马克思主义方面起到了重要的启蒙作用。五四运动爆发后，学习和宣传马克思主义思想的运动如火如荼地展开，马克思主义思想得到了迅速推广，《共产党宣言》也得到了广泛的传播。在此期间，除一些报刊如全国性学生救国会机关刊物《国民》杂志等继续译载《共产党宣言》的部分章节外，在北京和上海则出现了有组织地研究和出版《共产党宣言》全文译本的活动。《共产党宣言》在中国的传播进入了一个新阶段，其首个中文全译本已经呼之欲出了。

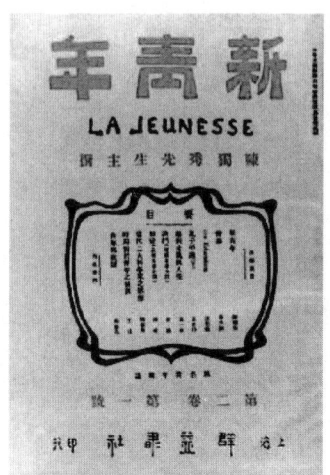

《新青年》是陈独秀（1879—1942）等在上海创办的一份具有重要影响的革命杂志，原名《青年杂志》，第二卷起改称《新青年》。自1915年9月15日创刊号至1926年7月终刊，共出9卷54号

2. 中华人民共和国成立前《共产党宣言》中文译本的翻译与传播

《共产党宣言》的完整中文译本在中国的传播有两个阶段：中华人民共和国成立前和成立后。就目前所知，共有12个译文不完全相同的中文译本。从1920年《共产党宣言》的第一个完整中文译本出版到1949年中华人民共和国成立，《共产党宣言》共出现了6个完整的中文译本。

1920年，《共产党宣言》的第一个完整中文译本问世,并由此揭开了《共产党宣言》以及马克思主义在中国传播的新序幕。该译本的译者是中国共产党早期成员陈望道。陈望道(1891—1977),浙江义乌人,教育学家、语言学家。他早年留学日本,在那里接触到马克思主义。1919年受五四运动感召回国,应邀在杭州的浙江第一师范任教,后因带头推行新文化运动而遭迫害。1920年初,上海《星期评论》杂志约他翻译《共产党宣言》。与此同时,已经成为共产主义者的陈独秀在李大钊的护送下逃离北京,南下筹备建党事宜。为了进行理论准备,他从北京大学图书馆带走了一本英文版《共产党宣言》,转交给了在杭州任教的陈望道。于是陈望道毅然辞去教职,回到家乡义乌分水塘村潜心翻译。在辞职返乡后,陈望道参考《新青年》主编陈独秀所提供的英文版,并根据《星期评论》编辑戴季陶所提供的日本版,于1920年3月至4月间完成了《共产党宣言》第一个中文全译本的翻译。译完后,陈望道随即携译稿到上海,准备发表。但到沪第二天,《星期评论》便停刊了。陈独秀等上海"马克思主义研究会"(亦即上海共产主义小组前身)成员设法出版《共产党宣言》,但遇到困难。恰在这时,共产国际代表维经斯基和俄籍华裔杨明斋经李大钊介绍来到上海,与陈独秀联系中国

陈独秀(1879—1942)

陈望道(1891—1977)

的建党问题。当他们知道此事后，立即资助研究会在上海拉斐德路(今复兴中路)成裕里12号建起一个名叫"又新"的小型印刷所。经过一波三折，《共产党宣言》的第一个中文全译本于1920年8月终于出版。该版本只有正文，没有序言，全书采

陈望道译《共产党宣言》，左为第一版第一次印刷，印完后，才发现一个严重的错误——封面书名错印为"共党产宣言"，但该书面市后，依然销售一空，右为第二次印刷

用竖排版，小32开，封面中间印有大幅马克思半身坐像。该书也成为了我们党早期共产主义小组出版的第一本马克思主义著作。该译本一经出版，便受到中国先进分子的热烈欢迎，曾一再翻印，仅至1926年5月，就印行了17次之多，其流传之广由此可见一斑。《共产党宣言》的第一个中文全译本对后世产生了重大影响，为马克思主义在中国的传播做出了重大贡献。

在陈望道译本之后，到1949年中华人民共和国成立之前，中国还先后出现过以下5种《共产党宣言》中文全译本。

（1）华岗译本

这是中国共产党成立后组织翻译的第一个《共产

党宣言》译本，也是《共产党宣言》的第二个中文全译本。1930年由上海华兴书局首次出版。上海华兴书局是我们党领导的一个地下出版机构，成立于1929年。虽然当时处于国民党白色恐怖的笼罩之下，但为了革命的需要，为了应对国民党的文化"围剿"，书局克服了种种困难，出版了包括《共产党宣言》在内的一大批马克思主义经典著作。在当时的条件下，华岗译本的初版为了安全需要而做成了出版社署名为"上海中外社会科学研究社"的伪装书，书名采用的是"宣言"二字。该译本是根据恩格斯亲自校阅的1888年英文版翻译而成的，并首次翻译了《共产党宣言》的三个德文版（1872年、1883年、1890年）序言。

该版在后半部附有英文版《共产党宣言》全文，这种英汉对照方式在我国《共产党宣言》出版史中尚属首次。此外，华岗译本相较于陈望道译本，在翻译质量上有了明显提高，用语更加精炼和准确。之后在中国大地上耳熟能详的《共产党宣言》最后一句"全世界无产阶级联合起来"，就是在华岗译本中第一次被译定下来的。1930年3月，华兴书局又以"上海社会科学研究社"的名义将《共产党宣言》刊印并出版于潘鸿

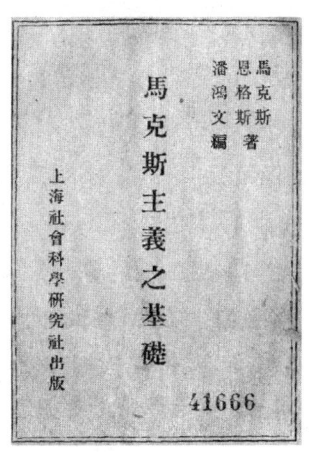

潘鸿文编《马克斯主义之基础》

文的《马克思主义的基础》一书中,而且采用的是"一八四七年国际工人同盟宣言"的题目。这是根据1872年德国社会民主党人第一次在德国莱比锡刊行时的题名。华岗译本在20世纪30年代多次印刷,销量很高。

(2)成仿吾、徐冰译本

成仿吾、徐冰译本

这是中国共产党在解放区公开组织翻译出版的第一个《共产党宣言》全译本,也是第三个中文全译本。该版本是由陕北公学校长成仿吾与解放社编辑徐冰受中共中央宣传部委托,以德文版为蓝本翻译而成的,于1938年8月由在延安刚刚成立的解放社作为"马恩丛书"第四种首次出版。这也是我国首次根据德文原文翻译出的《共产党宣言》译本。因为《共产党宣言》就是由马克思、恩格斯用德文写作的,其1848年2月在伦敦的初版也是德文版本,因此按照德文版翻译更有利于传达作者的思想。1938年9月,该译本在新文化书房的再版版本中第一次在全文前刊印了今天常见的马克思与恩格斯的大幅标准照片,有利于人们更加直观地认识和了解马克思主义创始人的风采。此外，该译本在出版过程中除采用竖排印刷之外，也开始顺应现代书籍形式采用横排印刷，在语言表述方面也更加接近现代汉语，语言更加精炼。最后，该版本还首次在香港的"中国出版社"出版。

（3）陈瘦石译本

这是非共产党人陈瘦石于国民党统治区公开出版的一个译本，长期以来一直鲜为人知，也很少在学术专著和文章中被涉及。陈瘦石，1908年生于江苏无锡，1933年毕业于国立中央大学英国语言文学系，之后在资源委员会任秘书。该译本原本是陈瘦石翻译的《比较经济制度》的一个附录。《比较经济制度》的中译本于1943年9月由商务印书馆印行出版，属于经济学基础理论教材，原著者是洛克斯和霍德。全书有八个附录，第一个附录文件就是《共产党宣言》。后来该《共产党宣言》译本也出版了单行版，全文用铅字印刷，采用的是64开竖排版。该译本仅仅是为了研究马克思的经济思想而翻译的，因此得以在国统区合

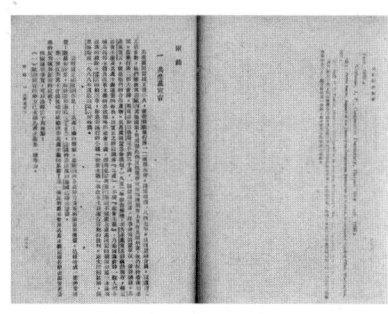
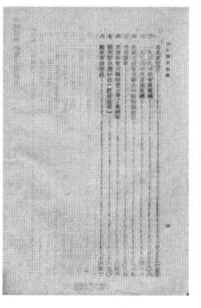

陈瘦石译本

法出版,在客观上起到了传播《共产党宣言》的作用。

(4)博古译本

这是中国共产党理论家博古根据俄文版对成仿吾、徐冰译本重新校译后形成的一个译本,1943年8月由延安解放社首次出版。1942年10月,中共中央宣传部为了配合延安整风运动的开展,成立了翻译校阅委员会来大量出版发行马克思主义经典著作。该版本将《共产党宣言》的序言又增加了一篇,首次出现了俄文版序言,序言总数达到了四篇,且译法也更加接近于现代汉语,是一部更加体现中国文化特色与中国人语言习惯的译作。相较于之前的版本,陈望道译本与华岗译本具有浓厚的文言文色彩;成仿吾、徐冰译本虽然已经开始运用现代汉语语法,但部分语句的翻译仍不够精炼;而博古译本通俗流畅,不仅语言精炼,也更符合现代中国人的阅读习惯。该译本刚出版就被中共中央指定为五本干部必读书之一。这一版本出版发行量极大,翻印本也多,不仅在解放区广泛流传,还流传于国统区与敌占区。自1938年到1949年共计发行了数百万

博古译本

七、在中国的传播历程

册,因而是1949年以前中国流传最广、印行最多、影响最大的一个译本。

(5)莫斯科译本

这是由莫斯科苏联外国文书籍出版局于1948年用中文出版的《共产党宣言》"百周年纪念版"。1948年是《共产党宣言》出版100周年。然而,由于中国人民正在全力以赴地进行解放战争,没有能够出版新译本并举行纪念活动。该译本由当时在该局工作的几位中国同志根据《共产党宣言》1948年的德文原版译出,首次全部包括了马克思、恩格斯为《共产党宣言》所写的七篇序言,并且还包括了编者对马克思、恩格斯修改和补充《共产党宣言》观点的说明。该书用竖排印刷,印刷和纸张都十分精美,是当时内容最全、翻译质量最高的一个译本。该译本于1949年初运往中国,从6月起,人民出版社和一些地方出版社相继重印该版,不过流传范围很小。

莫斯科译本

3. 第一代中国共产党人与《共产党宣言》

《共产党宣言》的传播历程与中国革命的历程始终紧密相随。第一代中国共产党人正是在以《共产党宣言》为代表的马克思主义理论的指导下,毅然走上了革命的道路,并最终取得了革命的胜利。

1881年2月,俄国女革命者查苏利奇致信马克思,请求马克思谈谈他对俄国历史发展的前景,特别是对俄国农村公社的命运的看法。马克思在复信中明确指出,他在《资本论》中所揭示的"这一运动的'历史必然性'明确地限于西欧各国"[1]。也就是说,马克思当时并不认为社会主义革命会率先在俄国、中国等社会历史发展相对落后的东方国家发生。就此而言,他想象不到《共产党宣言》究竟会在东方国家发挥怎样的历史效应。然而,就像列宁在1895年评论的那样:"(《共产党宣言》)这本书篇幅不多,价值却相当于多部巨著,它的精神至今还鼓舞着、推动着文明世界全体有组织的正在进行斗争的无产阶级。"[2]

在中国,毛泽东、周恩来、朱德、刘少奇、邓小平、彭德怀等第一代中国共产党人都是在《共产党宣言》的影响下成为马克思主义者,领导中国完成救亡图存这一历史使命的。

埃德加·斯诺(1905—1972)

1936年,毛泽东在延安接受埃德加·斯诺的访谈时回忆说:"一九二〇年冬天……我第二次到北京期间,读

---

[1] 《马克思恩格斯选集》第3卷,人民出版社1995年版,第774页。
[2] 《列宁选集》第1卷,人民出版社1995年版,第93页。

七、在中国的传播历程

了许多关于俄国情况的书。我热心地搜寻那时候能找到的为数不多的用中文写的共产主义书籍。有三本书特别深地铭刻在我的心中,建立起我对马克思主义的信仰。我一旦接受了马克思主义是对历史的正确解释以后,我对马克思主义的信仰就没有动摇过。这三本书是:《共产党宣言》,陈望道译,这是用中文出版

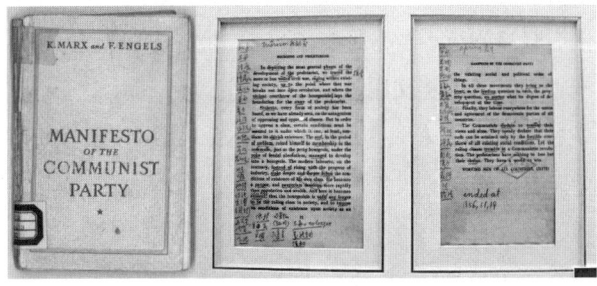

毛泽东1956年阅读批注的英文版《共产党宣言》

的第一本马克思主义的书;《阶级斗争》,考茨基著;《社会主义史》,柯卡普著。到了一九二〇年夏天,在理论上,而且在某种程度的行动上,我已成为一个马克思主义者了,而且从此我也认为自己是一个马克思主义者了。"[1] 几年后,毛泽东又讲道:"记得我在1920年,第一次看到了考茨基的《阶级斗争》,陈望道翻译的《共产党宣言》和一个英国人写的《社会主义史》,我才知道人类自有史以来,就是阶级斗

---

1 [美]斯诺:《西行漫记》,三联书店1979年版,第131页。

争史,阶级斗争是社会发展的原动力,初步地得到认识问题的方法论。"[1] 据考证,毛泽东 1920 年在北京读的《共产党宣言》不是陈望道的译本,而应当是李大钊领导的北京大学马克思主义研究会翻译的油印本。不管是哪个译本,毛泽东终究在《共产党宣言》的指引下成为了一名马克思主义者,走上了革命的道路。值得一提的是,中华人民共和国成立后,毛泽东依旧坚持阅读《共产党宣言》,1956 年还曾研读过《共产党宣言》的英文版。

周恩来是第一代中国共产党人中最早接受《共产党宣言》影响的人之一。早在 1919 年留学日本期间,他就通过日本马克思主义者的著作知道了《共产党宣言》,1920 年 10 月赴法留学后,他和蔡和森、朱德、邓小平等人一起继续学习《共产党宣言》,最终成为共产主义者。回到中国后,周恩来始终坚持学习研究《共产党宣言》。1975 年,也就是逝世前一年,他还关心陈望道译的《共产党宣言》的第一版是否找到。

刘少奇、任弼时、肖劲光等六人于 1920 年夏抵达上海,主要学习俄文,准备到俄国勤工俭学。刘少奇当时是这个团体的负责人之一。他们每到星期日就往往通过请人做报告的形式来专门学马列主义理论。当时陈望道经常来这里讲课,而他主要讲的就是他翻

---

1 《毛泽东文集》第 2 卷,人民出版社 1993 年版,第 378 页。

译的《共产党宣言》的基本思想。在当时,《共产党宣言》是他们能够读到的第一本马克思主义著作。正是通过对陈望道翻译的《共产党宣言》的系统学习,他们的思想大为解放。1921年,他们历经艰难,从上海出发到日本,又经海参崴到莫斯科,进入莫斯科东方劳动者共产主义大学学习。在那里他们又系统学习了《共产党宣言》等马列著作。

朱德于1922年9月到法国,10月抵德国,11月由周恩来介绍入党。他曾回忆道,正是在柏林支部,"研究和讨论了已经译成中文的马克思主义文献《共产党宣言》和共产主义的入门书","从此开始走上了新的革命旅程"。[1]此外,恽代英、刘志丹、董必武、邓子恢、彭德怀、贺龙等,也都是通过读《共产党宣言》走上革命道路的。

第一代中国共产党人在受到《共产党宣言》的影响而走上革命道路的同时,也坚持不懈地在我国各地传播《共产党宣言》的思想。在短短几年时间内,《共

带有周恩来签名的《共产党宣言》成仿吾译本

---

1 参见[美]史沫特莱《伟大的道路:朱德的生平和时代》,三联书店1979年版,第150、179页。

产党宣言》就传播到了我国许多地方。例如，1921年邓子恢等人在福建龙岩组织"寄生书社"，社员曾发展到200多人。社员们在社内学习和讨论集资购置的《共产党宣言》《新青年》等革命书刊，并写下了心得体会，最后编成了一本"读书录"。1923年夏，刚刚在北京加入共产党的魏野畴回到陕西榆林中学任教，任教期间他对学生宣讲了《共产党宣言》《国家与革命》等马列著作的思想，刘志丹和谢子长以及其他许多有志青年都是在他的影响下走上了革命道路。恽代英在武汉主办了利群书社，通过引进《共产党宣言》等多种革命书刊，对众多有志青年进行了马克思主义的启蒙教育。董必武在参加完党的一大后回到武汉中学工作。在这里，他建立党、团支部和学生会，并在学生中宣传《共产党宣言》的革命思想。他们还组织人油印、传抄《共产党宣言》，散发到省内各县。到1924年春夏，在黄安县的城镇和农村，《共产党宣言》等革命书籍的油印本和传抄本已颇为流传。到1926年革命高潮时，新参加革命队伍的许多青年迫切要求学习革命理论。这时中国共产主义青年团主办的《中国青年》杂志曾经提出"革命青年必读的书十种"，《共产党宣言》就是其中一种。仅是平民书社从1926年1月至5月就翻印了十次。7月，北伐战争开始后，《共产党宣言》印得更多，并且随军散发。好多人就是在《共产党宣言》的指引下，通过革命战争的锻炼，走上了共产主义的道路。

七、在中国的传播历程

在第一代中国共产党人中，彭德怀就是一个例子，他是在1928年革命低潮中毅然加入中国共产党的。他之所以能够作出这种无所畏惧的选择，就是因为他在1926年就读了《共产党宣言》等马克思主义著作，实现了向共产主义者的转变。他后来告诉斯诺："以前我只是对社会不满，看不到有什么进行根本改革的希望。在读了《共产党宣言》以后，我不再悲观，开始怀着社会是可以改造的新信念而工作。"[1]

1927年，由于国民党反动派叛变革命，轰轰烈烈的大革命失败了。中国共产党人和广大革命者面临着凶险的处境。在一片白色恐怖之中，《共产党宣言》仍然继续广为传播并产生着巨大影响。以毛泽东为代表的第一代中国共产党人将《共产党宣言》的基本思想与中国半封建半殖民地社会的实际结合了起来，通过逐步摸索并最终结合中国国情开辟了一条农村包围城市、武装夺取政权的新的革命道路。在开辟新道路的过程中，《共产党宣言》也发挥了重要的精神武器作用。例如，1927年南昌起义部队在潮汕失败后，新入党的贺龙转移到上海。这时党中央派他和周逸群、徐特立等七位同志，带着一本《共产党宣言》和两支手枪前往湘鄂西开展游击战争，开创农村革命根据地。这七个人就是依靠《共产党宣言》作为精神武器，依

1　[美]斯诺：《西行漫记》，三联书店1979年版，第245页。

靠两支手枪作为物质武器,最终开辟了一个拥有25000名红军指战员、占地17个县的湘鄂西革命根据地。

作为党的第一代领导人的重要成员、第二代领导人核心的邓小平同志在1992年南方谈话中也深情地说:"我的入门老师是《共产党宣言》……马克思主义是打不倒的。打不倒,并不是因为本子多,而是因为马克思主义的真理颠扑不破。"[1]

那么,"明确地限于西欧各国"的《共产党宣言》何以能够在东方的中国发挥如此巨大的思想解放作用呢?就像我们在前文中已经说过的那样,《共产党宣言》虽然是为被资产阶级压迫的工人阶级创作的,但在其"征服"世界的过程中,它在事实上激发了一切被压迫者的激情。换言之,《共产党宣言》不仅是工人阶级进行抗争的"《圣经》"或"福音书",而且是一切被压迫阶级进行抗争的"《圣经》"或"福音书"。在欧洲,它唤醒了无产阶级,在东方,它则给探索救亡图存之道的中国人指明了新的方向。

4. 中华人民共和国成立后《共产党宣言》在中国的传播

1949年中华人民共和国成立,标志着马克思主

---

1 《邓小平文选》第3卷,人民出版社1993年版,第382页。

七、在中国的传播历程

义在中国的伟大胜利。而中华人民共和国的建立又为马克思主义的传播开拓了广阔的道路。在这种条件下，全国人民都掀起了学习马列主义基础理论的热潮，这些都为翻译、出版马列主义经典著作创造了极为有利的条件，我国马列著作的出版翻译事业也进入了一个新的阶段。1949年以来，《共产党宣言》在我国主要翻译出版了如下几个译本。

（1）1949年版译本

中华人民共和国成立初期，为了适应学习的需要，解放社根据莫斯科苏联外国文书籍出版局的《共产党宣言》的"百周年纪念版"的中文版，于1949年11月在北京出版了北京版《共产党宣言》。这版《共产党宣言》是中华人民共和国成立后出版并在全国发行的第一个版本。该版本将马克思、恩格斯为各版写作的七篇序言和正文编在一起发表，这在我国《共产党宣言》出版史上尚属首次。1951年1月，解放社将该译本作为"干部必读"书目出版了单行本。同年4月，该版以"人民出版社"的名义出版了布面精装本作为第3版。同年10月起，又出版了平装本。1949年至1953年期间，除了印行32开本外，曾陆续出版了小

1951年解放社所出版的单行本

32开的普及本，作为第4版，印次达十次之多。此外，北京时代出版社还依据人民出版社1951年第3版，于1954年7月出版了《共产党宣言》的中俄对照本。直到1957年2月《共产党宣言》重印时，才根据莫斯科苏联外国文书籍出版局1954年出版的《马克思恩格斯文选》（两卷集）中文版第一卷所收《共产党宣言》已修订过的译文作了部分改动，版面也由竖排改为横排。

（2）1958年版译本

从中华人民共和国成立后至1958年以前，全国各地流传的《共产党宣言》译本基本上是按莫斯科苏联外国文书籍出版局"百周年纪念版"及后来作了修订的《马克思恩格斯文选》（两卷集）中的译本翻印的。直到1958年8月由中共中央编译局编译的《马克思恩格斯全集》中文版第4卷出版以后，《共产党宣言》才有了新的译本。收入《马克思恩格斯全集》中文版第4卷的《共产党宣言》，是由中央编译局重新译校的。

1949年中央宣传部设立"斯大林全集翻译室"。不久，中央决定成立"列宁著作编译局"。后来经毛泽东同志批准，于1953年1月把原来两个翻译机构合并，正式成立了"中共中央马克思恩格斯列宁斯大林著作编译局"（以下简称"中央编译局"），其主要任务是有计划、有系统地翻译马克思主义的经典著作。

七、在中国的传播历程

从此,中央编译局成为全国翻译马列著作的中心,马列著作的翻译工作进入一个集中力量、有计划、有规模开展起来的新阶段。同时,作为国家政治书籍出版社的人民出版社承担了马列著作的出版工作。新中国成立后,《共产党宣言》先后出版了6个新译本,其中,有5个都是由1953年正式成立的中央编译局重新译校完成的。

中央编译局于1955年开始,根据苏联出版的《马克思恩格斯全集》俄文第二版进行《马克思恩格斯全集》中文版的翻译工作。其中,《共产党宣言》一文,是在《马克思恩格斯文选》(两卷集,中文版,莫斯科苏联外国文书籍出版局1954—1955年出版)所收的《共产党宣言》"百周年纪念版"译文基础上,由中央编译局集体校订,由唯真定稿,于1958年8月编入《马克思恩格斯全集》中文第一版第4卷,由人民出版社出版。这样,《共产党宣言》就又有了一个全新的译本。

(3)1959年版译本

一年之后,即1959年8月,人民出版社出版了《共产党宣言》单行本,作为第5版。这是一个新版本,其特点是:《共产党宣言》的正文和注释均按《马克思恩格斯全集》中文版第4卷的新译文排印;正文前有七篇序言,序言的译文则仍按旧版排印;书后有注释5条,是新增加的,在此以前的各版只有边注和脚注，书后没有注释。这个版本在国内流传达五年之久，印量也较大。1963年4月，人民出版社根据新译文出版了64开本的精装和平装两种袖珍本。1964年5月，为了方便老年读者阅读，又出版了16开本3号仿宋字的大字本。1965年12月，由中华书局上海印刷厂印制，人民出版社出版了12开本的直排线装宣纸本（分两册），书后附有校后记。此外，文字改革出版社于1958年11月出版了《共产党宣言》汉语拼音注音本。

（4）1964年版译本

1964年9月，中央编译局根据德国柏林狄茨出版社1959年出版的德文原文本对《共产党宣言》重新作了校订，由人民出版社出版，作为第6版。这一版的《共产党宣言》正文是在《马克思恩格斯全集》中文版第4卷译文的基础上，根据德文原文，参照英文、法文、俄文各版译文和国内出版的各种中译本，采取集体译校的方式，集思广益，逐字逐句地讨论，字斟句酌地研究校订的。德文版与经恩格斯校订过的1888年英文版有重要出入的地方，都用"译者注"注明。正文前的七篇序言也是重新译校的，书后的注释增加到29条。这一版本的译文较以前的版本有很大的改进，在相当长的时间里是我国流传甚广的比较稳定的版本。从1964年至1974年间既出版过平装本，也出版过精装本，印次较多，印量也很大。1970年12月，人民出版社根据这个版本重印了大字本。民族出版社也先后用藏文、蒙古文、维吾尔文、哈萨克文、朝鲜文等五种文字出版了《共产党宣言》的少数民族版文本。盲文出版社还出版了《共产党宣言》盲文版。1972年5月，人民出版社出版《马克思恩格斯选集》时，又将该版《共产党宣言》的正文及七篇序言全文收入《马克思恩格斯选集》中文第一版第1卷出版。

（5）成仿吾译本

1978年11月，在《共产党宣言》发表130周年之际，人民出版社又出版了成仿吾根据德文重新译校的另一个版本。

（6）1978年版译本

1992年3月，人民出版社出版了一本新版的《共产党宣言》。该版的译文在1972年出版的《马克思恩格斯选集》中文版第1卷的译文基础上重新作了校订。该版的译文最初在1978年中共中央党校所编的《马列著作毛泽东著作选读》一书中发表。

（7）1995年版译本

1995年6月，由中央编译局重新编辑的《马克思恩格斯选集》中文第二版由人民出版社出版发行。中央编译局对《马克思恩格斯选集》各卷所收文章的译文重新作了校订。1997年8月，人民出版社根据《马克思恩格斯选集》中文第二版第1卷中的《共产党宣言》的新译文出版了单行本，并作为马列著作的系列书"马克思列宁主义文库"之一出版发行。这是《共产党宣言》迄今在我国出版的最新的版本。

（8）1998年版译本

1998年，《共产党宣言》这部经典著作迎来了发表150周年的日子，为此，中央编译出版社发行《共产党宣言》纪念版和珍藏版。该版辑收了1848年2月出版的德文第一版全文和1995年经过修订的最新译文的中文版，并附有中央编译局图书馆馆藏的世界各国《共产党宣言》版本的封面20余幅。书前采用的两幅马克思、恩格斯肖像系已故国画大师蒋兆和所绘，且是首次发表。《共产党宣言》珍藏版的封面及函模选用珍贵的金丝楠木镶嵌紫铜文字及优质羊皮制作，装帧精细，印制精良，是具有收藏价值的版本。

从首次传入中国至今，《共产党宣言》这部光辉著作在中国已经走过了100多年的历程，在它的传播过程中涌现出了太多艰难曲折、可歌可泣的事迹。无论是过去还是将来，《共产党宣言》所蕴含的伟大思想将始终激励着我们奋勇前进。

八、巨大的当代影响力

《共产党宣言》自诞生以来,迄今已经被翻译成200多种文字,再版过1000多次。它因其洞彻古今的深邃思想和震撼人心的情感力量影响着一代又一代人。《共产党宣言》在当代的影响力不仅丝毫没有衰减,反而由于准确预言了人类历史的进程而愈加受到重视。最近20年,仅英语世界就出版了79个版本,从一个侧面证明了它巨大的当代影响力。

1. 近20年来英语世界《共产党宣言》的新版本

《共产党宣言》在当代世界思想中占据着重要地位。本书仅以近20年英语世界《共产党宣言》新版本出版状况为例,从侧面对这种影响力进行说明。依据多种数据文库,我们统计了1998—2017年《共产党宣言》在英语世界出版的版本数量,考察其年份分布状况,以期立体展现《共产党宣言》近20年来在英语世界的新版本出版状况。

1998—2017 年《共产党宣言》英语世界版本数量统计

出版时间	出版社
1998 年	Monthly Review Press
	Electric Book Company
	Verso
	Edinburgh University Press
	Signet Classics
2000 年	Infomotions, Inc.
2001 年	Adamant Media Corporation
2002 年	Penguin Classics
2004 年	Kessinger Publishing, LLC
	Broadview Press
2005 年	Digireads.com
	Haymarket Books
2006 年	Penguin Books
2007 年	Book Jungle
	Biblio Bazaar
	Frederick Ellis
2008 年	Oxford University Press
	The Floating Press
	Brandywine Studio Press
	The University of Adelaide Library
	Pathfinder Press
	Wordsworth Editions Ltd
	Pluto Press
	Wordsworth Editions Ltd
	Pluto Press

续表

出版时间	出版社
2009 年	Regnery Publishing Inc
	Prohyptikon Publishing Inc
	Adamant Media Corporation
	Biblio Life
	Echo Library
	World Library Classics
	Cosimo Classics
2010 年	Create Space Independent Publishing Platform
	Vintage Classics
	Arcturus Publishing Ltd
	Rosen Pub Group
	Simon & Brown
	Tribeca Books
2011 年	NMD Books
	Penguin
	SoHo Books
	Simon & Brown
	Literary Licensing, LLC
	Create Space Independent Publishing Platform
	Tribeca Books
2012 年	Verso
	Create Space Independent Publishing Platform
	Yale University Press
	W. W. Norton & Company

续表

出版时间	出版社
2013 年	Create Space Independent Publishing Platform
	lulu.com
	JiaHu Books (German/English Bilingual Text)
	Jia Hu Books
	Tribeca Books
2014 年	International Publishers
	Freeland Press
	Create Space Independent Publishing Platform
	Taylor and Francis
	Penguin Classics
2015 年	Bloomsbury Academic
	Cambridge University Press
	Create Space Independent Publishing Platform
	Penguin Classics
	Create Space Independent Publishing Platform
	Create Space Independent Publishing Platform
	Red Dog Press
	Red Quill Books
	Create Space Independent Publishing Platform
2016 年	Create Space Independent Publishing Platform
	Digireads.com

续表

出版时间	出版社
2016 年	Simon & Brown
	Create Space Independent Publishing Platform
	Benediction Classics
	Create Space Independent Publishing Platform
2017 年	Pluto Press
	Create Space Independent Publishing Platform
	Create Space Independent Publishing Platform
	Independently published

2. 阶级斗争思想的永恒价值

阶级斗争是马克思政治学说的核心，也在《共产党宣言》中占据着重要理论位置。在1852年的一封书信中，马克思说："无论发现现代社会中有阶级存在或发现各阶级间的斗争，都不是我的功劳。在我以前很久，资产阶级历史编纂学家就已经论述过阶级斗争的发展，资产阶级的经济学家也已经对各个阶级作过阶级上的分析。我所加上的新内容就是证明了下列几点：（1）阶级的存在仅仅同生产发展的一定历史阶段相联系；（2）阶级斗争必然导致无产阶级专政；（3）这个专政不过是达到消灭一切阶级和进入无阶级社会的过渡……"[1]支撑马克思得出上述新结论的，是他在《共产党宣言》中所作的两个基本判断。一是资本主义社会的阶级结构将日益向简单化与两极分化发展："我们的时代，资产阶级时代，却有一个特点：它使阶级对立简单化了。整个社会日益分裂为两大敌对的阵营，分裂为两大相互直接对立的阶级：资产阶级和无产阶级。"[2]二是无产阶级和资产阶级的阶级斗争日趋尖锐，最终导致革命甚至是战争，其最终结果是"资产阶级的灭亡和无产阶级的胜利是同样不可避免的"[3]。

当代发达资本主义国家出现的新变化是我们必须注意到的，我们也必须承认有些具体变化是马克思、恩格斯当时所未预料到的。首先，阶级结构趋向复杂且具有高流动性。按照《共产党宣言》的判断，阶级结构应当是一个中间越来越细、两头越来越大的沙漏型。但这种理想形态即便是在十多年后也没有出现，以至于马克思自己也说："在英国，现代社会的经济结构无疑已经有了最高度的、最典型的发展。但甚至在这里，这种阶级结构也还没有以纯粹的形式表现出来。"[4]进入20世纪后，现实的情况是，马克思意义上的统治阶级和工人阶级数量都在下降，而马克思未

---

1 《马克思恩格斯选集》第4卷，人民出版社1995年版，第547页。
2 《马克思恩格斯文集》第2卷，人民出版社2009年版，第32页。
3 《马克思恩格斯文集》第2卷，人民出版社2009年版，第43页。
4 《马克思恩格斯选集》第2卷，人民出版社1995年版，第587页。

曾重点讨论过的中间阶层数量却不断膨胀，阶级结构基本稳定成为一个两头小、中间大的橄榄形，更重要的是，阶级结构的流动性增强，垂直流动成为常态。

其次，作为统治阶级的资产阶级似乎"消失"了。在19世纪，资产阶级因为拥有和控制生产资料，最终通过经济权力控制了国家的政治权力，成为看得见、摸得着的统治阶级。但进入20世纪以后，资产阶级逐渐从经济管理过程乃至国家的政治统治过程中淡出，相关统治职能日益由职业化的精英集团承担。同时，随着民主政治的发展，普通民众在国家政治生活中的作用显著提高。总之，原本作为统治阶级的资产阶级似乎"消失"了。

再次，工人阶级的革命性日益衰退。在马克思那里，工人阶级是一个天然的革命阶级。因为"过去的一切运动都是少数人的，或者为少数人谋利益的运动。无产阶级的运动是绝大多数人的，为绝大多数人谋利益的独立的运动。无产阶级，现今阶级的最下层，如果不炸毁构成官方社会的整个上层，就不能抬起头来，挺起胸来"[1]。但第二次世界大战结束以后，随着"丰裕社会"的来临，[2]工人阶级在经济上摆脱了绝对贫

---

1 《马克思恩格斯文集》第2卷，人民出版社2009年版，第42页。
2 加尔布雷斯（1908—2006），美国经济学家。他在1958年出版的《丰裕社会》一书中，宣布美国已经进入丰裕社会，从而使包括马克思在内的传统经济学家的智慧失去了用武之地。

困，变得"有产"了，在意识形态上与资产阶级日益趋向，在政治上日益成为为自身的特殊利益斗争的普通阶级。正是基于这种变化，不少西方左派学者惊呼工人阶级消失了，并宣布"向工人阶级告别"。[1]

拉尔夫·密里本德（1924—1994），英国工党左派，被认为是"英语世界最重要的马克思主义政治学家"

基于资本主义社会的上述新变化，一些只从表层看问题的人认为，《共产党宣言》的判断已经过时了。而从问题的本质去思考问题的人则给出了相反的结论，比如英国政治学家拉尔夫·密里本德认为《共产党宣言》的阶级斗争学说在当代依旧是非常深刻的。他认为，判断一个人属不属于工人阶级，就看他是否在资本主义的生产过程中处于雇佣地位，并且完成了某种生产职能，至于其是否以马克思当年所讲的体力劳动形式完成其职能，则并不重要。也就是说，密里本德根据现实的发展，扩大了对工人阶级概念的理解，超越传统意义上的"蓝领"工人范畴，将大量被社会学定义为中间阶级的新兴"白领"[2]工人以及部分专业技术人员包括了进来。当然，密里本德很清楚，并非所有中

---

[1] 安德烈·高兹（1924—2007），法国左派知识分子。他从20世纪60年代开始关注发达资本主义社会的阶级结构问题，认为传统意义上的工人阶级不仅数量越来越少，而且已经不再是一个革命的阶级，由此提出"向工人阶级告别"。

[2] "白领"泛指从事非体力劳动者。这个概念的流行得益于美国左派学者米尔斯（1916—1962）的名著《白领：美国的中产阶级》（1951）。

间阶级都能被划分为工人阶级。"'工人阶级'是'总体工人'中的那一部分人,他们生产剩余价值,处于附属地位,在收入的等级中处于最低等,在所谓'受人尊重的等级'中也处于最低等。"[1]同时,是否经历了"无产阶级化",则将"总体工人"中的新中间阶层与资本主义社会中的中间阶层即小资产阶级区分开来。尽管小资产阶级"包括为数众多的、各式各样的人,从他们还没有成为挣工资和薪金的人这点上说,他们还没有'无产阶级化',因而不属于'总体工人'之列,尽管他们的确在履行一定的经济任务"[2]。

另一方面,密里本德运用美国左派学者米尔斯的权力精英学说,[3]分析了当代资本主义国家权力精英的构成与来源,证明权力精英的主体依旧由传统资产阶级构成,而非资产阶级出身的社会精英也将经历类似当年土地贵族经历过的"资产阶级化",这决定了"国家首先并不可避免地是在这些社会中占统治地位的经济利益的卫士和捍卫者","它的'真正的'意图及使命是确保它的连续统治地位而不是妨碍它"。[4]也就

---

[1] [英]密里本德:《马克思主义与政治学》,黄子都译,商务印书馆1984年版,第28页。
[2] [英]密里本德:《马克思主义与政治学》,黄子都译,商务印书馆1984年版,第29页。
[3] 《权力精英》是米尔斯1956年出版的另外一部名著。在该书中,米尔斯力图解答一个问题,即谁在统治美国?他认为,"权力精英"可以更好地分析美国社会的权力状况。
[4] 参见 Ralph Miliband, *The State in Capitalist Society*, London: Merlin Press, 1999, pp.265—266。

是说，尽管统治的实现形式变得多元化、民主化、文明化了，但资产阶级的阶级统治本身并没有发生改变。

既然无产阶级和资产阶级依旧存在，那么，它们之间的阶级差异、阶级对立和阶级斗争就必然存在，问题仅仅在于它们究竟会以何种形式表现出来。密里本德指出，阶级斗争和阶级统治具有多种表现形式，涉及经济、政治、意识形态、文化、生活方式等社会生活的各个层面。在当代发达资本主义社会，马克思时代的那种阶级斗争，即政治的阶级斗争确实弱化了甚至基本停止了，但阶级斗争本身不仅没有消灭，而且在新的、不太被人注意到的新形式下扩大化了。这种新形式就是由统治阶级发动的"自上而下的阶级斗争"："我称之为自上而下的阶级斗争实际上是由不同的角色发动的，——雇主、国家的权力拥有者、诸如政党这样的政治机构、院外游说集团、报刊以及其他许多自称'非政治的'（它们确实可能以为自己是非政治的）机构，等等——但是，它们无疑都导致阶级斗争。"[1] 此外，密里本德还认为第二次世界大战结束后，发达资本主义国家的阶级斗争还有一个新的变化就是国际化，即前者运用各种方式干涉别国政治进程的发展。

---

[1] Ralph Miliband, *Divided Societies: Class Struggle in Contemporary Capitalism*, Oxford: Oxford University Press, 1991, p. 115.

总之,密里本德认为,发达资本主义社会的阶级斗争绝没有终结,但是,现有阶级斗争也并没有导致马克思或马克思主义者们所期待的那种理想结果,因为那种"为了创造一个民主的、平等的、合作的无阶级社会的阶级斗争,几乎还没有开始"[1]。

3. 国外学者论《共产党宣言》的当代价值

《共产党宣言》是人类历史上影响最为深远的政治哲学著作,其当代生命力取决于对当下世界的分析与对未来世界的预测。而《共产党宣言》正是由于其深厚的理论内涵而洞穿了人类文明的古往今来,深刻自觉人类所处的时代,《共产党宣言》所提供的就是理解我们当下所处时代的"世界图景"。国外思想家对《共产党宣言》的当代价值给予了高度肯定。

英国著名马克思主义史学家霍布斯鲍姆认为,"《共产党宣言》对于 21 世纪的世界仍然有许多话要说"[2],因为《共产党宣言》不仅属于 19 世纪同时属于 21 世纪,马克思是我们的同行之人。霍布斯鲍

---

1 Ralph Miliband, *Divided Societies: Class Struggle in Contemporary Capitalism*, Oxford: Oxford University Press, 1991, p. 234.
2 Karl Marx, Friedrich Engels, *The Communist Manifesto: A Modern Edition*, introduction by Eric Hobsbawm, London: Verso, 1998, p.15.

姆指出,《共产党宣言》分析的资本主义所改造的世界,恰恰就是 21 世纪初的世界,它对工业化的趋势预言是准确无误的,"在某些方面,相对《共产党宣言》发表时与其后数代人而言,我们甚至更能够清楚地看到它的各种预言的力量"[1]。在霍布斯鲍姆看来,我们现在就生活在一个很大程度上已经被资本主义改造过的世界,《共产党宣言》当时就敏锐地预见到当时资本主义全球化的遥远未来。而关于《共产党宣言》对未来的预测,霍布斯鲍姆认为,在资本主义积累临界的状态,资本主义就不能再被指认为是其自身了,"这必然标志着从私有制占有到全球性社会管理的急剧转变"[2],由此人类进入了《共产党宣言》所预测的自由联合体的状态。

在国际著名马克思主义地理学者哈维看来,2008年资本主义金融危机是一个评估《共产党宣言》当

霍布斯鲍姆(1917—2012),享誉世界的近代史大师。他的 19 世纪三部曲——《革命的年代:1789—1848》(1962)、《资本的年代:1848—1875》(1975)和《帝国的年代:1875—1914》(1987),以及《极端的年代:1914—1991》(1994),为当代读者提供了一种完整的世界近现代史观念。霍布斯鲍姆去世后葬在伦敦海格特公墓马克思墓的对面。左图为由霍布斯鲍姆作序的英国 Verso 出版社 1998 年出版的《共产党宣言》

---

1 Karl Marx, Friedrich Engels, *The Communist Manifesto: A Modern Edition*, introduction by Eric Hobsbawm, London: Verso, 1998, p.17.

2 Karl Marx, Friedrich Engels, *The Communist Manifesto: A Modern Edition*, introduction by Eric Hobsbawm, London: Verso, 1998, p.26.

八、巨大的当代影响力

代价值的契机,"正如《共产党宣言》所指出的那样,每一次危机威胁更多的是整个资产阶级社会的存在"[1],金融危机所带来的过度生产与投资的社会明显地回到了曾经的野蛮状态。哈维指出,这提醒我们,《共产党宣言》所描述的世界绝对没有消失,"难道我们不是生活在一个贪婪、自私、竞争的个人主义以及渴望短期收益包围着我们的资本主义世界吗?"[2]哈维指出,《共产党宣言》为我们揭示的是资本主义压迫无产阶级的残酷运行逻辑,所以,要争得人类生存的尊严,"唯一办法就是开展阶级斗争"[3]。哈维认为,《共产党宣言》深刻预言了其后的世界发展,通过世界贸易组织、北美自由贸易协定、欧洲联盟等国际协议的保护,受到强大的国际机构(如国际货币基金组织)的支持,世界更加被笼罩在资本主义的游戏规则之中。哈维认为,"抵制这些堕落的唯一办法就是要开展阶

大卫·哈维(1935—),马克思主义理论家。下图为由大卫·哈维作序的英国Pluto出版社2008年出版的《共产党宣言》

---

1 Karl Marx, Friedrich Engels, *The Communist Manifesto*, introduction by David Harvey, London: Pluto Press, 2008, p.2.

2 Karl Marx, Friedrich Engels, *The Communist Manifesto*, introduction by David Harvey, London: Pluto Press, 2008, p.5.

3 Karl Marx, Friedrich Engels, *The Communist Manifesto*, introduction by David Harvey, London: Pluto Press, 2008, p.8.

级斗争，而且世界工人必须团结一致"[1]。关于革命运动的原则，哈维指出，《共产党宣言》提供了非常简明的原则性，"对生产进行更多的民主集中的控制"[2]，更多地掌握对剩余产品的控制权，剩余产品对于生存是至关重要的，没有剩余产品，城市就不可能存在。

英国社会主义公共知识分子阿罗诺维奇对《共产党宣言》当代价值的高度推崇，来自《共产党宣言》对现代化与全球化的科学描绘和准确预测。阿罗诺维奇指出，《共产党宣言》发表的时候，资本主义对世界的改造程度远远不能与今天的程度同日而语，而马克思、

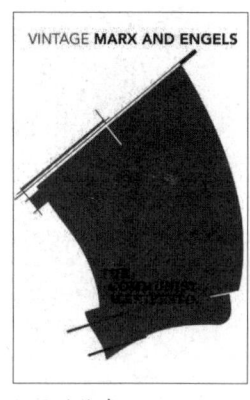

大卫·阿罗诺维奇（1954— ），英国新闻记者，社会主义公共知识分子。左图为由阿罗诺维奇作序的英国Vintage出版社2010年出版的《共产党宣言》

恩格斯却深刻预见到了资本主义的全球化趋势。资产阶级"把宗教虔诚、骑士热忱、小市民伤感这些情感的神圣发作，淹没在利己主义打算的冰水之中"[3]。《共

---

[1] Karl Marx, Friedrich Engels, *The Communist Manifesto*, introduction by David Harvey, London: Pluto Press, 2008, p.13.

[2] Karl Marx, Friedrich Engels, *The Communist Manifesto*, introduction by David Harvey, London: Pluto Press, 2008, p.25.

[3] Karl Marx, Friedrich Engels, *The Communist Manifesto*, introduction by D.Aaronovitch, London: Vintage Book, 2010, p.xii.

产党宣言》将资产阶级改变历史视为一个不以个人意志为转移的历史进程,当资产阶级生产关系占据主导地位时,这些由变革引发的动荡就不会停止,"资产阶级时代不同于过去一切时代的地方。一切固定的僵化的关系以及与之相适应的素被尊崇的观念和见解都被消除了,一切新形成的关系等不到固定下来就陈旧了"[1]。

美国马克思主义学者伯曼指出,《共产党宣言》因为深刻理解了现代世界,即资本主义所带来的经济全球化与世界文化的形成,因而具备巨大的当代价值,而后者是伯曼更为关注的部分。与此同时,《共产党宣言》深刻批判了资产阶级的暴行,并在此基础上描绘自由发展的共产主义社会。伯曼指出,关于现代世界的"全球化、不平等、政治腐败、现代化、贫困、技术进步、现代生活的堕落本性等"[2]思想,我们从《共产党宣言》中学到的知识超过了除

马歇尔·伯曼(1940—2013),美国马克思主义学者、哲学家。著有《一切坚固的东西都烟消云散!》等。右图为由伯曼作序的英国企鹅出版公司2011年出版的《共产党宣言》

---

1 Karl Marx, Friedrich Engels, *The Communist Manifesto*, introduction by D.Aaronovitch, London: Vintage Book, 2010, p.xii.
2 Karl Marx, Friedrich Engels, *The Communist Manifesto*, introduction by Marsball Berman, London: Penguin Book, 2011, p.1.

马克思、恩格斯之外任何其他人的著作。伯曼认为，"马克思最欣赏现代资本主义世界的一个特点就是全球化与世界文化"[1]。《共产党宣言》始终都在帮助我们领会全球化的运行动力，世界性文化是《共产党宣言》提供给我们关于现代性的另一个特征。世界文化的形成正是马克思曾经描绘过的最为广泛、最具可能性的事情之一，电视机、电影、视频和计算机的发明，使马克思关于文化世界化的预言成为现实。在伯曼看来，所有的文化都服务于资本增殖这一目的，于是他重申《共产党宣言》提出的一个控诉，"现代资产阶级社会迫使人们立身于一个冷漠得不得不冻结彼此感情的世界"[2]，一切神圣的情感都被淹没在冰冷的利益计算之中，除了冷酷无情的金钱交易以外，人与人之间没有任何别的联系。伯曼提出，我们正处在一个充斥着大量裁员、工作机械化、贫富悬殊的世界，"20世纪初，许多工人愿意为《共产党宣言》所描绘的伟大理想牺牲自己，在21世纪的开端，一定会有更多人与他们并肩作战"[3]。

---

1 Karl Marx, Friedrich Engels, *The Communist Manifesto*, introduction by Marsball Berman, London: Penguin Book, 2011, p.5.
2 Karl Marx, Friedrich Engels, *The Communist Manifesto*, introduction by Marsball Berman, London: Penguin Book, 2011, p.8.
3 Karl Marx, Friedrich Engels, *The Communist Manifesto*, introduction by Marsball Berman, London: Penguin Book, 2011, p.17.

共产党宣言(节选)*

马克思　恩格斯

---

* 节选自《马克思恩格斯选集》第1卷,人民出版社2012年版,第376—393页。

1872年德文版序言

　　共产主义者同盟这个在当时条件下自然只能是秘密团体的国际工人组织，1847年11月在伦敦举行的代表大会上委托我们两人起草一个准备公布的详细的理论和实践的党纲。结果就产生了这个《宣言》，《宣言》原稿在二月革命前几星期送到伦敦付印。《宣言》最初用德文出版，它用这种文字在德国、英国和美国至少印过12种不同的版本。第一个英译本是由海伦·麦克法林女士翻译的，于1850年在伦敦《红色共和党人》杂志上发表，1871年至少又有三种不同的英译本在美国出版。法译本于1848年六月起义前不久第一次在巴黎印行，最近又有法译本在纽约《社会主义者报》上发表；现在有人在准备新译本。波兰文译本在德文本初版问世后不久就在伦敦出现。俄译本是60年代在日内瓦出版的。丹麦文译本也是在原书问世后不久就出版了。

　　不管最近25年来的情况发生了多大的变化，这个《宣言》中所阐述的一般原理整个说来直到现在还是完全正确的。某些地方本来可以作一些修改。这些原理的实际运用，正如《宣言》中所说的，随时随地都要以当时的历史条件为转移，所以第二章末尾提出的那些革命措施根本没有特别的意义。如果是在今天，这一段在许多方面都会有不同的写法了。由于最近25年来大工业有了巨大发展而工人阶级的政党组织也跟着发展起来，由于首先有了二月革命的实际经验而后来尤其是有了无产阶级第一次掌握政权达两月之久的巴黎公社的实际经验,所以这个纲领现在有些地方已经过时了。特别是公社已经证明:"工人阶级不能简单地掌握现成的国家机器,并运用它来达到自己的目的。"(见《法兰西内战。国际工人协会总委员会宣言》德文版第19页,那里对这个思想作了更详细的阐述。)其次,很明显,对于社会主义文献所作的批判在今天看来是不完全的,因为这一批判只包括到1847年为止;同样也很明显,关于共产党人对待各种反对党派的态度的论述(第四章)虽然在原则上今天还是正确的,但是就其实际运用来说今天毕竟已经过时,因为政治形势已经完全改变,当时所列举的那些党派大部分已被历史的发展彻底扫除了。

但是《宣言》是一个历史文件,我们已没有权利来加以修改。下次再版时也许能加上一篇论述1847年到现在这段时期的导言。这次再版太仓促了,我们来不及做这件工作。

卡尔·马克思　弗里德里希·恩格斯
1872年6月24日于伦敦

1882年俄文版序言

　　巴枯宁翻译的《共产党宣言》俄文第一版，60年代[1]初由《钟声》印刷所出版。当时西方认为这件事（《宣言》译成俄文出版）不过是著作界的一件奇闻。这种看法今天是不可能有了。

　　当时（1847年12月）卷入无产阶级运动的地区是多么狭小，这从《宣言》最后一章《共产党人对各国各种反对党派的态度》[2]中可以看得很清楚。在这一章里，正好没有说到俄国和美国。那时，俄国是欧洲全部反动势力的最后一支庞大后备军；美国正通过移民吸收欧洲无产阶级的过剩力量。这两个国家，都向欧洲提供原料，同时又都是欧洲工业品的销售市场。所以，这两个国家不管怎样当时都是欧洲现存秩序的支柱。

　　今天，情况完全不同了！正是欧洲移民，使北美能够进行大规模的农业生产，这种农业生产的竞争震撼着欧洲大小土地所有制的根基。此外，这种移民还使美国能够以巨大的力量和规模开发其丰富的工业资源，以至于很快就会摧毁西欧特别是英国迄今为止的工业垄断地位。这两种情况反过来对美国本身也起着革命作用。作为整个政治制度基础的农场主的中小土地所有制，正逐渐被大农场的竞争所征服；同时，在各工业区，人数众多的无产阶级和神话般的资本积聚第一

---

[1] 应是1869年。——编者注
[2] 《宣言》最后一章的标题应是《共产党人对各种反对党派的态度》。——编者注

次发展起来了。

现在来看看俄国吧！在1848—1849年革命期间，不仅欧洲的君主，而且连欧洲的资产者，都把俄国的干涉看做是帮助他们对付刚刚开始觉醒的无产阶级的唯一救星。沙皇被宣布为欧洲反动势力的首领。现在，沙皇在加特契纳成了革命的俘虏，而俄国已是欧洲革命运动的先进部队了。

《共产主义宣言》[1]的任务，是宣告现代资产阶级所有制必然灭亡。但是在俄国，我们看见，除了迅速盛行起来的资本主义狂热和刚开始发展的资产阶级土地所有制外，大半土地仍归农民公共占有。那么试问：俄国公社，这一固然已经大遭破坏的原始土地公共占有形式，是能够直接过渡到高级的共产主义的公共占有形式呢？或者相反，它还必须先经历西方的历史发展所经历的那个瓦解过程呢？

对于这个问题，目前唯一可能的答复是：假如俄国革命将成为西方无产阶级革命的信号而双方互相补充的话，那么现今的俄国土地公有制便能成为共产主义发展的起点。

卡尔·马克思　弗里德里希·恩格斯
1882年1月21日于伦敦

1　即《共产党宣言》。——编者注

1883年德文版序言

　　本版序言不幸只能由我一个人署名了。马克思这位比其他任何人都更应受到欧美整个工人阶级感谢的人物，已经长眠于海格特公墓，他的墓上已经初次长出了青草。在他逝世以后，就更谈不上对《宣言》作什么修改或补充了。因此，我认为更有必要在这里再一次明确地申述下面这一点。

　　贯穿《宣言》的基本思想：每一历史时代的经济生产以及必然由此产生的社会结构，是该时代政治的和精神的历史的基础；因此（从原始土地公有制解体以来）全部历史都是阶级斗争的历史，即社会发展各个阶段上被剥削阶级和剥削阶级之间、被统治阶级和统治阶级之间斗争的历史；而这个斗争现在已经达到这样一个阶段，即被剥削被压迫的阶级（无产阶级），如果不同时使整个社会永远摆脱剥削、压迫和阶级斗争，就不再能使自己从剥削它压迫它的那个阶级（资产阶级）下解放出来。——这个基本思想完全是属于马克思一个人的。

　　这一点我已经屡次说过，但正是现在必须在《宣言》正文的前面也写明这一点。

弗·恩格斯
1883年6月28日于伦敦

1888 年英文版序言

《宣言》是作为共产主义者同盟的纲领发表的，这个同盟起初纯粹是德国工人团体，后来成为国际工人团体，而在1848 年以前欧洲大陆的政治条件下必然是一个秘密的团体。1847 年 11 月在伦敦举行的同盟代表大会，委托马克思和恩格斯起草一个准备公布的完备的理论和实践的党纲。手稿于1848 年 1 月用德文写成，并在 2 月 24 日的法国革命前几星期送到伦敦付印。法译本于 1848 年六月起义前不久在巴黎出版。第一个英译本是由海伦·麦克法林女士翻译的，于 1850 年刊载在乔治·朱利安·哈尼的伦敦《红色共和党人》杂志上。还出版了丹麦文译本和波兰文译本。

1848 年巴黎六月起义这一无产阶级和资产阶级间的第一次大搏斗的失败，又把欧洲工人阶级的社会的和政治的要求暂时推到后面去了。从那时起，争夺统治权的斗争，又像二月革命以前那样只是在有产阶级的各个集团之间进行了；工人阶级被迫局限于争取一些政治上的活动自由，并采取资产阶级激进派极左翼的立场。凡是继续显露出生机的独立的无产阶级运动，都遭到无情的镇压。例如，普鲁士警察发觉了当时设在科隆的共产主义者同盟中央委员会。一些成员被逮捕，并且在经过 18 个月监禁之后于 1852 年 10 月被交付法庭审判。这次有名的"科隆共产党人案件"从 10 月 4 日一直继续到 11 月 12 日；被捕者中有七人被判处三至六年的要塞监禁。宣判之后，同盟即由剩下的成员正式解散。至于《宣言》，似乎注定从此要被人遗忘了。

当欧洲工人阶级重新聚集了足以对统治阶级发动另一次进攻的力量的时候，产生了国际工人协会。但是，这个协会成立的明确目的是要把欧美正在进行战斗的整个无产阶级团结为一个整体，因此，它不能立刻宣布《宣言》中所提出的那些原则。国际必须有一个充分广泛的纲领，使英国工联，法国、比利时、意大利和西班牙的蒲鲁东派以及德国的拉萨尔派（拉萨尔本人在我们面前总是自认为是马克思的学生，他作为马克思的学生是站在《宣言》的立场上的。但是他在1862—1864年期间进行的公开鼓动中，却始终没有超出靠国家贷款建立生产合作社的要求。）都能接受。马克思起草了这个能使一切党派都满意的纲领，他对共同行动和共同讨论必然会产生的工人阶级的精神发展充满信心。反资本斗争中的种种事件和变迁——失败更甚于胜利——不能不使人们认识到他们的各种心爱的万应灵丹都不灵，并为他们更透彻地了解工人阶级解放的真正的条件开辟道路。马克思是正确的。当1874年国际解散时，工人已经全然不是1864年国际成立时的那个样子了。法国的蒲鲁东主义和德国的拉萨尔主义已经奄奄一息，甚至那些很久以前大多数已同国际决裂的保守的英国工联也渐有进步，以致去年在斯旺西，工联的主席能够用工联的名义声明说："大陆社会主义对我们来说再不可怕了。"的确，《宣言》的原则在世界各国工人中间都已传播得很广了。

这样，《宣言》本身又重新走上了前台。从1850年起，德文本在瑞士、英国和美国重版过数次。1872年，有人在纽约把它译成英文，并在那里的《伍德赫尔和克拉夫林周刊》上发表。接着又有人根据这个英文本把它译成法文，刊载在纽约的《社会主义者报》上。以后在美国又至少出现过两种多少有些损害原意的英文译本，其中一种还在英国重版过。由巴枯宁翻译的第一个俄文本约于1863年[1]在日内瓦由赫尔岑办的《钟声》印刷所出版；由英勇无畏的维拉·查苏利奇翻译的第二个俄文本于1882年也在日内瓦出版。新的丹麦文译本于1885年在哥本哈根作为《社会民主主义丛书》的一种出版，新的法文译本于1886年刊载在巴黎的《社会主义者报》上。有人根据这个译本译成西班牙文，并于1886年在马德里发表。至于德文的翻印版本，则为数极多，总共至少有12个。亚美尼亚文译本原应于几个月前在君士坦丁堡印出，但是没有问世，有人告诉我，这是因为出版人害怕在书上标明马克思的姓名，而译者又拒绝把《宣言》当作自己的作品。关于用其他文字出版的其他译本，我虽然听说过，但是没有亲眼看到。因此，《宣言》的历史在很大程度上反映着现代工人阶级运动的历史；现在，它无疑是全部社会主义文献中传播最广和最具有国际性的著作，是从西伯利亚到加利福尼亚的千百万工人公认的共同纲领。

可是，当我们写这个《宣言》时，我们不能把它叫作社会主义宣言。在1847年，所谓社会主义者，一方面是指各种

---

[1] 应是1869年。——编者注

空想主义体系的信徒,即英国的欧文派和法国的傅立叶派,这两个流派都已经降到纯粹宗派的地位,并在逐渐走向灭亡;另一方面是指形形色色的社会庸医,他们凭着各种各样的补缀办法,自称要消除一切社会弊病而毫不危及资本和利润。这两种人都是站在工人阶级运动以外,宁愿向"有教养的"阶级寻求支持。只有工人阶级中确信单纯政治变革还不够而公开表明必须根本改造全部社会的那一部分人,只有他们当时把自己叫作共产主义者。这是一种粗糙的、尚欠修琢的、纯粹出于本能的共产主义;但它却接触到了最主要之点,并且在工人阶级当中已经强大到足以形成空想共产主义,在法国有卡贝的共产主义,在德国有魏特林的共产主义。可见,在1847年,社会主义是中等阶级的运动,而共产主义则是工人阶级的运动。当时,社会主义,至少在大陆上,是"上流社会的",而共产主义却恰恰相反。既然我们自始就认定"工人阶级的解放应当是工人阶级自己的事情",那么,在这两个名称中间我们应当选择哪一个,就是毫无疑义的了。而且后来我们也从没有想到要把这个名称抛弃。

虽然《宣言》是我们两人共同的作品,但我认为自己有责任指出,构成《宣言》核心的基本思想是属于马克思的。这个思想就是:每一历史时代主要的经济生产方式和交换方式以及必然由此产生的社会结构,是该时代政治的和精神的历史所赖以确立的基础,并且只有从这一基础出发,这一历史才能得到说明;因此人类的全部历史(从土地公有的原始氏族社会解体以来)都是阶级斗争的历史,即剥削阶级和被剥削阶级之间、统治阶级和被压迫阶级之间斗争的历史；这个阶级斗争的历史包括有一系列发展阶段，现在已经达到这样一个阶段，即被剥削被压迫的阶级（无产阶级），如果不同时使整个社会一劳永逸地摆脱一切剥削、压迫以及阶级差别和阶级斗争，就不能使自己从进行剥削和统治的那个阶级（资产阶级）的奴役下解放出来。

在我看来这一思想对历史学必定会起到像达尔文学说对生物学所起的那样的作用，我们两人早在1845年前的几年中就已经逐渐接近了这个思想。当时我个人独自在这方面达到什么程度，我的《英国工人阶级状况》（注：《1844年的英国工人阶级状况》，弗里德里希·恩格斯著，弗洛伦斯·凯利-威士涅威茨基译，1888年纽约—伦敦拉弗尔出版社版，威·里夫斯发行。）一书就是最好的说明。但是到1845年春我在布鲁塞尔再次见到马克思时，他已经把这个思想考虑成熟，并且用几乎像我在上面所用的那样明晰的语句向我说明了。

现在我从我们共同为1872年德文版写的序言中引录如下一段话：

"不管最近25年来的情况发生了多大的变化，这个《宣言》中所阐述的一般原理整个说来直到现在还是完全正确的。某些地方本来可以作一些修改。这些原理的实际运用，正如《宣言》中所说的，随时随地都要以当时的历史条件为转移，所以第二章末尾提出的那些革命措施根本没有特别的意义。如果是在今天，这一段在许多方面都会有不同的写法了。由于1848年以来大工业已有了巨大发展而工人阶级的组织也跟着有了改进和增长，由于首先有了二月革命的实际经验而后来尤其是有了无产阶级第一次掌握政权达两月之久的巴黎公社的实际经验，所以这个纲领现在有些地方已经过时了。特别是公社已经证明：'工人阶级不能简单地掌握现成的国家机器，并运用它来达到自己的目的。'（见《法兰西内战。国际工人协会总委员会宣言》伦敦1871年特鲁拉夫版第15页，那里把这个思想作了更详细的阐述。）其次，很明显，对于社会主义文献所作的批判在今天看来是不完全的，因为这一批判只包括到1847年为止；同样也很明显，关于共产党人对待各种反对党派的态度的论述（第四章）虽然在原则上今天还是正确的，但是就其实际运用来说今天毕竟已经过时，因为政治形势已经完全改变，当时列举的那些党派大部分已被历史的发展彻底扫除了。

但是《宣言》是一个历史文件，我们已没有权利来加以修改。"

本版译文是由译过马克思《资本论》一书大部分的赛米尔·穆尔先生翻译的。我们共同把译文校阅过一遍，并且我还加了一些有关历史情况的注释。

弗里德里希·恩格斯
1888年1月30日于伦敦

1890年德文版序言

自从我写了上面那篇序言[1]以来，又需要刊印《宣言》的新的德文版本了，同时《宣言》本身也有种种遭遇，应该在这里提一提。

1882年在日内瓦出版了由维拉·查苏利奇翻译的第二个俄文本，马克思和我曾为这个译本写过一篇序言。可惜我把这篇序言的德文原稿遗失了，所以现在我只好再从俄文译过来，这样做当然不会使原稿增色。下面就是这篇序言：

"巴枯宁翻译的《共产党宣言》俄文第一版，60年代初[2]由《钟声》印刷所出版。当时西方认为《宣言》译成俄文出版不过是著作界的一件奇闻。这种看法今天是不可能有了。在《宣言》最初发表时期（1848年1月）卷入无产阶级运动的地区是多么狭小，这从《宣言》最后一章《共产党人对各种反对党派的态度》中可以看得很清楚。在这一章里，首先没有说到俄国和美国。那时，俄国是欧洲反动势力的最后一支庞大后备军；向美国境内移民吸收着欧洲无产阶级的过剩力量。这两个国家，都向欧洲提供原料，同时又都是欧洲工业品的销售市场。所以，这两个国家不管怎样当时都是欧洲社会秩序的支柱。

今天，情况完全不同了！正是欧洲移民，使北美的农业

1　指1883年德文版序言，见本书第156页。——编者注
2　应是1869年。——编者注

生产能够大大发展，这种发展通过竞争震撼着欧洲大小土地所有制的根基。此外，这种移民还使美国能够以巨大的力量和规模开发其丰富的工业资源，以至于很快就会摧毁西欧的工业垄断地位。这两种情况反过来对美国本身也起着革命作用。作为美国整个政治制度基础的自耕农场主的中小土地所有制，正逐渐被大农场的竞争所征服；同时，在各工业区，人数众多的无产阶级和神话般的资本积聚第一次发展起来了。

现在来看看俄国吧！在1848—1849年革命期间，不仅欧洲的君主，而且连欧洲的资产者，都把俄国的干涉看做是帮助他们对付当时刚刚开始意识到自己力量的无产阶级的唯一救星。他们把沙皇宣布为欧洲反动势力的首领。现在，沙皇在加特契纳已成了革命的俘虏，而俄国已是欧洲革命运动的先进部队了。

《共产主义宣言》[1]的任务，是宣告现代资产阶级所有制必然灭亡。但是在俄国，我们看见，除了狂热发展的资本主义制度和刚开始形成的资产阶级土地所有制外，大半土地仍归农民公共占有。

那么试问：俄国农民公社，这一固然已经大遭破坏的原始土地公有制形式，是能直接过渡到高级的共产主义的土地所有制形式呢？或者，它还必须先经历西方的历史发展所经历的那个瓦解过程呢？

对于这个问题，目前唯一可能的答复是：假如俄国革命

---

1 即《共产党宣言》。——编者注

将成为西方工人革命的信号而双方互相补充的话,那么现今的俄国公有制便能成为共产主义发展的起点。

卡·马克思　弗·恩格斯
1882年1月21日于伦敦"

　　大约在同一时候,在日内瓦出版了新的波兰文译本:《共产主义宣言》[1]。

　　随后又于1885年在哥本哈根作为《社会民主主义丛书》的一种出版了新的丹麦文译本。可惜这一译本不够完备;有几个重要的地方大概是因为译者感到难译而被删掉了,并且有些地方可以看到草率从事的痕迹,尤其令人遗憾的是,从译文中可以看出,要是译者细心一点,他是能够译得很好的。

　　1886年在巴黎《社会主义者报》上刊载了新的法译文;这是到目前为止最好的译文。

　　同年又有人根据这个法文本译成西班牙文,起初刊登在马德里的《社会主义者报》上,接着又印成单行本:《共产党宣言》,卡·马克思和弗·恩格斯著,马德里,社会主义者报社,埃尔南·科尔特斯街8号。

　　这里我还要提到一件奇怪的事。1887年,君士坦丁堡的一位出版商收到了亚美尼亚文的《宣言》译稿;但是这位好心人却没有勇气把这本署有马克思的名字的作品刊印出来,竟认为最好是由译者本人冒充作者,可是译者拒绝这样做。

1　即《共产党宣言》。——编者注

在英国多次刊印过好几种美国译本，但都不大确切。到1888年终于出版了一种可靠的译本。这个译本是由我的友人赛米尔·穆尔翻译的，并且在付印以前还由我们两人一起重新校阅过一遍。标题是：《共产党宣言》，卡尔·马克思和弗里德里希·恩格斯著。经作者认可的英译本，由弗里德里希·恩格斯校订并加注，1888年伦敦，威廉·里夫斯，东中央区弗利特街185号。这个版本中的某些注释，我已收入本版。

《宣言》有它本身的经历。它出现的时候曾受到当时人数尚少的科学社会主义先锋队的热烈欢迎（第一篇序言里提到的那些译本便可以证明这一点），但是不久它就被随着1848年6月巴黎工人失败而抬起头来的反动势力排挤到后台去了，最后，由于1852年11月科隆共产党人被判刑，它被"依法"宣布为非法。随着由二月革命开始的工人运动退出公开舞台，《宣言》也退到后台去了。

当欧洲工人阶级又强大到足以对统治阶级政权发动另一次进攻的时候，产生了国际工人协会。它的目的是要把欧美整个战斗的工人阶级联合成一支大军。因此，它不能从《宣言》中提出的那些原则出发。它必须有一个不致把英国工联，法国、比利时、意大利和西班牙的蒲鲁东派以及德国的拉萨尔派（注：拉萨尔本人在我们面前总是自认为是马克思的"学生"，他作为马克思的"学生"当然是站在《宣言》的立场上的。但是他的那些信徒却不是如此，他们始终没有超过他所主张的靠国家贷款建立生产合作社的要求，并且把整个工人阶级划分为国家帮助派和自助派。）拒之于门外的纲领。这样一个纲领即国际章程绪论部分，是马克思起草的，其行文之巧妙连巴枯宁和无政府主义者也不能不承认。至于说到《宣言》中所提出的那些原则的最终胜利，马克思把希望完全寄托于共同行动和讨论必然会产生的工人阶级的精神的发展。反资本斗争中的种种事件和变迁——失败更甚于胜利——不能不使进行斗争的人们明白自己一向所崇奉的那些万应灵丹都不灵，并使他们的头脑更容易透彻地了解工人解放的真正的条件。马克思是正确的。1874年，当国际解散的时候，工人阶级已经全然不是1864年国际成立时的那个样子了。罗曼语各国的蒲鲁东主义和德国特有的拉萨尔主义已经奄奄一息，甚至当时极端保守的英国工联也渐有进步，以致1887年在斯旺西，工联代表大会的主席能够用工联的名义声明说："大陆社会主义对我们来说再不可怕了。"而在1887年，大陆社会主义已经差不多完全是《宣言》中所宣布的那个理论了。因此，《宣言》的历史在某种程度上反映着1848年以来现代工人运动的历史。现在，它无疑是全部社会主义文献中传播最广和最具有国际性的著作，是从西伯利亚到加利福尼亚的所有国家的千百万工人的共同纲领。

可是，当《宣言》出版的时候，我们不能把它叫做社会主义宣言。在1847年，所谓社会主义者是指两种人。一方面是指各种空想主义体系的信徒，特别是英国的欧文派和法国的傅立叶派，这两个流派当时都已经缩小成逐渐走向灭亡的纯粹的宗派。另一方面是指形形色色的社会庸医，他们想用各种万应灵丹和各种补缀办法来消除社会弊病而毫不伤及资本和利润。这两种人都是站在工人运动以外，宁愿向"有教养的"阶级寻求支持。相反，当时确信单纯政治变革还不够而要求根本改造社会的那一部分工人，则把自己叫做共产主义者。这是一种还没有很好加工的、只是出于本能的、往往有些粗陋的共产主义；但它已经强大到足以形成两种空想的共产主义体系：在法国有卡贝的"伊加利亚"共产主义，在德国有魏特林的共产主义。在1847年，社会主义意味着资产阶级的运动，共产主义则意味着工人的运动。当时，社会主义，至少在大陆上，是上流社会的，而共产主义却恰恰相反。既然我们当时已经十分坚决地认定"工人的解放应当是工人阶级自己的事情"，所以我们一刻也不怀疑究竟应该在这两个名称中间选定哪一个名称。而且后来我们也根本没有想到要把这个名称抛弃。

"全世界无产者，联合起来！"当42年前我们在巴黎革命即无产阶级带着自己的要求参加的第一次革命的前夜向世界上发出这个号召时，响应者还是寥寥无几。可是，1864年9月28日，大多数西欧国家中的无产者已经联合成为流芳百世的国际工人协会了。固然，国际本身只存在了九年，但它所创立的全世界无产者永久的联合依然存在，并且比任何时候更加强固，而今天这个日子就是最好的证明。因为今天我写这个序言的时候，欧美无产阶级正在检阅自己第一次动员起来的战斗力量，他们动员起来，组成一支大军，在一个旗帜下，为了一个最近的目的，即早已由国际1866年日内瓦代表大会宣布、后来又由1889年巴黎工人代表大会再度宣布的在法律上确立八小时正常工作日。今天的情景将会使全世界的资本家和地主看到：全世界的无产者现在真正联合起来了。

如果马克思今天还能同我站在一起亲眼看见这种情景，那该多好啊！

弗·恩格斯

1890年5月1日于伦敦

共产党宣言

一个幽灵,共产主义的幽灵,在欧洲游荡。为了对这个幽灵进行神圣的围剿,旧欧洲的一切势力,教皇和沙皇、梅特涅和基佐、法国的激进派和德国的警察,都联合起来了。

有哪一个反对党不被它的当政的敌人骂为共产党呢?又有哪一个反对党不拿共产主义这个罪名去回敬更进步的反对党人和自己的反动敌人呢?

从这一事实中可以得出两个结论:

共产主义已经被欧洲的一切势力公认为一种势力;

现在是共产党人向全世界公开说明自己的观点、自己的目的、自己的意图并且拿党自己的宣言来反驳关于共产主义幽灵的神话的时候了。

为了这个目的,各国共产党人集会于伦敦,拟定了如下的宣言,用英文、法文、德文、意大利文、佛拉芒文和丹麦文公布于世。

一、资产者和无产者

　　至今一切社会的历史都是阶级斗争的历史。
　　自由民和奴隶、贵族和平民、领主和农奴、行会师傅和帮工,一句话,压迫者和被压迫者,始终处于相互对立的地位,进行不断的、有时隐蔽有时公开的斗争,而每一次斗争的结局都是整个社会受到革命改造或者斗争的各阶级同归于尽。
　　在过去的各个历史时代,我们几乎到处都可以看到社会完全划分为各个不同的等级,看到社会地位分成多种多样的层次。在古罗马,有贵族、骑士、平民、奴隶,在中世纪,有封建主、臣仆、行会师傅、帮工、农奴,而且几乎在每一个阶级内部又有一些特殊的阶层。
　　从封建社会的灭亡中产生出来的现代资产阶级社会并没有消灭阶级对立。它只是用新的阶级、新的压迫条件、新的斗争形式代替了旧的。
　　但是,我们的时代,资产阶级时代,却有一个特点:它使阶级对立简单化了。整个社会日益分裂为两大敌对的阵营,分裂为两大相互直接对立的阶级:资产阶级和无产阶级。
　　从中世纪的农奴中产生了初期城市的城关市民;从这个市民等级中发展出最初的资产阶级分子。
　　美洲的发现、绕过非洲的航行,给新兴的资产阶级开辟了新天地。东印度和中国的市场、美洲的殖民化、对殖民地的贸易、交换手段和一般商品的增加,使商业、航海业和工业空前高涨,因而使正在崩溃的封建社会内部的革命因素迅速发展。

以前那种封建的或行会的工业经营方式已经不能满足随着新市场的出现而增加的需求了。工场手工业代替了这种经营方式。行会师傅被工业的中间等级排挤掉了；各种行业组织之间的分工随着各个作坊内部的分工的出现而消失了。

但是，市场总是在扩大，需求总是在增加。甚至工场手工业也不再能满足需要了。于是，蒸汽和机器引起了工业生产的革命。现代大工业代替了工场手工业；工业中的百万富翁、一支一支产业大军的首领、现代资产者，代替了工业的中间等级。

大工业建立了由美洲的发现所准备好的世界市场。世界市场使商业、航海业和陆路交通得到了巨大的发展。这种发展又反过来促进了工业的扩展，同时，随着工业、商业、航海业和铁路的扩展，资产阶级也在同一程度上发展起来，增加自己的资本，把中世纪遗留下来的一切阶级排挤到后面去。

由此可见，现代资产阶级本身是一个长期发展过程的产物，是生产方式和交换方式的一系列变革的产物。

资产阶级的这种发展的每一个阶段，都伴随着相应的政治上的进展。它在封建主统治下是被压迫的等级，在公社里是武装的和自治的团体，在一些地方组成独立的城市共和国，在另一些地方组成君主国中的纳税的第三等级；后来，在工场手工业时期，它是等级君主国或专制君主国中同贵族抗衡的势力，而且是大君主国的主要基础；最后，从大工业和世界市场建立的时候起，它在现代的代议制国家里夺得了独占的政治统治。现代的国家政权不过是管理整个资产阶级的共同事务的委员会罢了。

资产阶级在历史上曾经起过非常革命的作用。

资产阶级在它已经取得了统治的地方把一切封建的、宗法的和田园诗般的关系都破坏了。它无情地斩断了把人们束缚于天然尊长的形形色色的封建羁绊,它使人和人之间除了赤裸裸的利害关系,除了冷酷无情的"现金交易",就再也没有任何别的联系了。它把宗教虔诚、骑士热忱、小市民伤感这些情感的神圣发作,淹没在利己主义打算的冰水之中。它把人的尊严变成了交换价值,用一种没有良心的贸易自由代替了无数特许的和自力挣得的自由。总而言之,它用公开的、无耻的、直接的、露骨的剥削代替了由宗教幻想和政治幻想掩盖着的剥削。

资产阶级抹去了一切向来受人尊崇和令人敬畏的职业的神圣光环。它把医生、律师、教士、诗人和学者变成了它出钱招雇的雇佣劳动者。

资产阶级撕下了罩在家庭关系上的温情脉脉的面纱,把这种关系变成了纯粹的金钱关系。

资产阶级揭示了,在中世纪深受反动派称许的那种人力的野蛮使用,是以极端怠惰作为相应补充的。它第一个证明了,人的活动能够取得什么样的成就。它创造了完全不同于埃及金字塔、罗马水道和哥特式教堂的奇迹;它完成了完全不同于民族大迁徙和十字军征讨的远征。

资产阶级除非对生产工具,从而对生产关系,从而对全部社会关系不断地进行革命，否则就不能生存下去。反之，原封不动地保持旧的生产方式，却是过去的一切工业阶级生存的首要条件。生产的不断变革，一切社会状况不停的动荡，永远的不安定和变动，这就是资产阶级时代不同于过去一切时代的地方。一切固定的僵化的关系以及与之相适应的素被尊崇的观念和见解都被消除了，一切新形成的关系等不到固定下来就陈旧了。一切等级的和固定的东西都烟消云散了，一切神圣的东西都被亵渎了。人们终于不得不用冷静的眼光来看他们的生活地位、他们的相互关系。

不断扩大产品销路的需要，驱使资产阶级奔走于全球各地。它必须到处落户，到处开发，到处建立联系。

资产阶级，由于开拓了世界市场，使一切国家的生产和消费都成为世界性的了。使反动派大为惋惜的是，资产阶级挖掉了工业脚下的民族基础。古老的民族工业被消灭了，并且每天都还在被消灭。它们被新的工业排挤掉了，新的工业的建立已经成为一切文明民族的生命攸关的问题；这些工业所加工的，已经不是本地的原料，而是来自极其遥远的地区的原料；它们的产品不仅供本国消费，而且同时供世界各地消费。旧的、靠本国产品来满足的需要，被新的、要靠极其遥远的国家和地带的产品来满足的需要所代替了。过去那种地方的和民族的自给自足和闭关自守状态，被各民族的各方面的互相往来和各方面的互相依赖所代替了。物质的生产是如此，精神的生产也是如此。各民族的精神产品成了公共的财产。民族的片面性和局限性日益成为不可能，于是由许多种民族的和地方的文学形成了一种世界的文学。

资产阶级，由于一切生产工具的迅速改进，由于交通的极其便利，把一切民族甚至最野蛮的民族都卷到文明中来了。它的商品的低廉价格，是它用来摧毁一切万里长城、征服野蛮人最顽强的仇外心理的重炮。它迫使一切民族——如果它们不想灭亡的话——采用资产阶级的生产方式；它迫使它们在自己那里推行所谓的文明，即变成资产者。一句话，它按照自己的面貌为自己创造出一个世界。

资产阶级使农村屈服于城市的统治。它创立了巨大的城市，使城市人口比农村人口大大增加起来，因而使很大一部分居民脱离了农村生活的愚昧状态。正像它使农村从属于城市一样，它使未开化和半开化的国家从属于文明的国家，使农民的民族从属于资产阶级的民族，使东方从属于西方。

资产阶级日甚一日地消灭生产资料、财产和人口的分散状态。它使人口密集起来，使生产资料集中起来，使财产聚集在少数人的手里。由此必然产生的结果就是政治的集中。各自独立的、几乎只有同盟关系的、各有不同利益、不同法律、不同政府、不同关税的各个地区，现在已经结合为一个拥有统一的政府、统一的法律、统一的民族阶级利益和统一的关税的统一的民族。

资产阶级在它的不到一百年的阶级统治中所创造的生产力，比过去一切世代创造的全部生产力还要多，还要大。自然力的征服，机器的采用，化学在工业和农业中的应用，轮船的行驶，铁路的通行，电报的使用，整个整个大陆的开垦，河川的通航,仿佛用法术从地下呼唤出来的大量人口——过去哪一个世纪料想到在社会劳动里蕴藏有这样的生产力呢?

由此可见,资产阶级赖以形成的生产资料和交换手段,是在封建社会里造成的。在这些生产资料和交换手段发展的一定阶段上,封建社会的生产和交换在其中进行的关系,封建的农业和工场手工业组织,一句话,封建的所有制关系,就不再适应已经发展的生产力了。这种关系已经在阻碍生产而不是促进生产了。它变成了束缚生产的桎梏。它必须被炸毁,它已经被炸毁了。

起而代之的是自由竞争以及与自由竞争相适应的社会制度和政治制度、资产阶级的经济统治和政治统治。

现在,我们眼前又进行着类似的运动。资产阶级的生产关系和交换关系,资产阶级的所有制关系,这个曾经仿佛用法术创造了如此庞大的生产资料和交换手段的现代资产阶级社会,现在像一个魔法师一样不能再支配自己用法术呼唤出来的魔鬼了。几十年来的工业和商业的历史,只不过是现代生产力反抗现代生产关系、反抗作为资产阶级及其统治的存在条件的所有制关系的历史。只要指出在周期性的重复中越来越危及整个资产阶级社会生存的商业危机就够了。在商业危机期间,总是不仅有很大一部分制成的产品被毁灭掉,而且有很大一部分已经造成的生产力被毁灭掉。在危机期间,发生一种在过去一切时代看来都好像是荒唐现象的社会瘟疫,即生产过剩的瘟疫。社会突然发现自己回到了一时的野蛮状态;仿佛是一次饥荒、一场普遍的毁灭性战争,使社会失去了全部生活资料；仿佛是工业和商业全被毁灭了。这是什么缘故呢？因为社会上文明过度，生活资料太多，工业和商业太发达。社会所拥有的生产力已经不能再促进资产阶级文明和资产阶级所有制关系的发展；相反，生产力已经强大到这种关系所不能适应的地步，它已经受到这种关系的阻碍；而它一着手克服这种障碍，就使整个资产阶级社会陷入混乱，就使资产阶级所有制的存在受到威胁。资产阶级的关系已经太狭窄了，再容纳不了它本身所造成的财富了。资产阶级用什么办法来克服这种危机呢？一方面不得不消灭大量生产力，另一方面夺取新的市场，更加彻底地利用旧的市场。这究竟是怎样的一种办法呢？这不过是资产阶级准备更全面更猛烈的危机的办法，不过是使防止危机的手段越来越少的办法。

资产阶级用来推翻封建制度的武器，现在却对准资产阶级自己了。

但是，资产阶级不仅锻造了置自身于死地的武器；它还产生了将要运用这种武器的人——现代的工人，即无产者。

随着资产阶级即资本的发展，无产阶级即现代工人阶级也在同一程度上得到发展；现代的工人只有当他们找到工作的时候才能生存，而且只有当他们的劳动增殖资本的时候才能找到工作。这些不得不把自己零星出卖的工人，像其他任何货物一样，也是一种商品，所以他们同样地受到竞争的一切变化、市场的一切波动的影响。

由于推广机器和分工，无产者的劳动已经失去了任何独立的性质，因而对工人也失去了任何吸引力。工人变成了机器的单纯的附属品，要求他做的只是极其简单、极其单调和极容易学会的操作。因此，花在工人身上的费用，几乎只限于维持工人生活和延续工人后代所必需的生活资料。但是，商品的价格，从而劳动的价格，是同它的生产费用相等的。因此，劳动越使人感到厌恶，工资也就越少。不仅如此，机器越推广，分工越细致，劳动量也就越增加，这或者是由于工作时间的延长，或者是由于在一定时间内所要求的劳动的增加，机器运转的加速，等等。

现代工业已经把家长式的师傅的小作坊变成了工业资本家的大工厂。挤在工厂里的工人群众就像士兵一样被组织起来。他们是产业军的普通士兵，受着各级军士和军官的层层监视。他们不仅仅是资产阶级的、资产阶级国家的奴隶，他们每日每时都受机器、受监工、首先是受各个经营工厂的资产者本人的奴役。这种专制制度越是公开地把营利宣布为自己的最终目的，它就越是可鄙、可恨和可恶。

手的操作所要求的技巧和气力越少，换句话说，现代工业越发达，男工也就越受到女工和童工的排挤。对工人阶级来说，性别和年龄的差别再没有什么社会意义了。他们都只是劳动工具，不过因为年龄和性别的不同而需要不同的费用罢了。

当厂主对工人的剥削告一段落，工人领到了用现钱支付的工资的时候，马上就有资产阶级中的另一部分人——房东、小店主、当铺老板等等向他们扑来。

以前的中间等级的下层，即小工业家、小商人和小食利者，手工业者和农民——所有这些阶级都降落到无产阶级的队伍里来了，有的是因为他们的小资本不足以经营大工业，经不起较大的资本家的竞争；有的是因为他们的手艺已经被新的生产方法弄得不值钱了。无产阶级就是这样从居民的所有阶级中得到补充的。

无产阶级经历了各个不同的发展阶段。它反对资产阶级的斗争是和它的存在同时开始的。

最初是单个的工人，然后是某一工厂的工人，然后是某一地方的某一劳动部门的工人，同直接剥削他们的单个资产者作斗争。他们不仅仅攻击资产阶级的生产关系，而且攻击生产工具本身；他们毁坏那些来竞争的外国商品，捣毁机器，烧毁工厂，力图恢复已经失去的中世纪工人的地位。

在这个阶段上，工人是分散在全国各地并为竞争所分裂的群众。工人的大规模集结，还不是他们自己联合的结果，而是资产阶级联合的结果，当时资产阶级为了达到自己的政治目的必须而且暂时还能够把整个无产阶级发动起来。因此，在这个阶段上，无产者不是同自己的敌人作斗争，而是同自己的敌人的敌人作斗争，即同专制君主制的残余、地主、非工业资产者和小资产者作斗争。因此，整个历史运动都集中在资产阶级手里；在这种条件下取得的每一个胜利都是资产阶级的胜利。

但是，随着工业的发展，无产阶级不仅人数增加了，而且结合成更大的集体，它的力量日益增长，而且它越来越感觉到自己的力量。机器使劳动的差别越来越小，使工资几乎到处都降到同样低的水平，因而无产阶级内部的利益、生活状况也越来越趋于一致。资产者彼此间日益加剧的竞争以及由此引起的商业危机，使工人的工资越来越不稳定；机器的日益迅速的和继续不断的改良，使工人的整个生活地位越来越没有保障；单个工人和单个资产者之间的冲突越来越具有两个阶级的冲突的性质。工人开始成立反对资产者的同盟；他们联合起来保卫自己的工资。他们甚至建立了经常性的团体，以便为可能发生的反抗准备食品。有些地方，斗争爆发为起义。

工人有时也得到胜利，但这种胜利只是暂时的。他们斗争的真正成果并不是直接取得的成功，而是工人的越来越扩大的联合。这种联合由于大工业所造成的日益发达的交通工具而得到发展，这种交通工具把各地的工人彼此联系起来。只要有了这种联系，就能把许多性质相同的地方性的斗争汇合成全国性的斗争，汇合成阶级斗争。而一切阶级斗争都是政治斗争。中世纪的市民靠乡间小道需要几百年才能达到的联合，现代的无产者利用铁路只要几年就可以达到了。

无产者组织成为阶级，从而组织成为政党这件事，不断地由于工人的自相竞争而受到破坏。但是，这种组织总是重新产生，并且一次比一次更强大、更坚固、更有力。它利用资产阶级内部的分裂，迫使他们用法律形式承认工人的个别利益。英国的十小时工作日法案就是一个例子。

旧社会内部的所有冲突在许多方面都促进了无产阶级的发展。资产阶级处于不断的斗争中：最初反对贵族；后来反对同工业进步有利害冲突的那部分资产阶级；经常反对一切外国的资产阶级。在这一切斗争中，资产阶级都不得不向无产阶级呼吁，要求无产阶级援助，这样就把无产阶级卷进了政治运动。于是，资产阶级自己就把自己的教育因素即反对自身的武器给予了无产阶级。

其次，我们已经看到，工业的进步把统治阶级的整批成员抛到无产阶级队伍里去，或者至少也使他们的生活条件受到威胁。他们也给无产阶级带来了大量的教育因素。

最后，在阶级斗争接近决战的时期，统治阶级内部的、整个旧社会内部的瓦解过程，就达到非常强烈、非常尖锐的程度，甚至使得统治阶级中的一小部分人脱离统治阶级而归附于革命的阶级，即掌握着未来的阶级。所以，正像过去贵族中有一部分人转到资产阶级方面一样，现在资产阶级中也有一部分人，特别是已经提高到能从理论上认识整个历史运动的一部分资产阶级思想家，转到无产阶级方面来了。

在当前同资产阶级对立的一切阶级中，只有无产阶级是真正革命的阶级。其余的阶级都随着大工业的发展而日趋没落和灭亡，无产阶级却是大工业本身的产物。

中间等级，即小工业家、小商人、手工业者、农民，他们同资产阶级作斗争，都是为了维护他们这种中间等级的生存，以免于灭亡。所以，他们不是革命的，而是保守的。不仅如此，他们甚至是反动的，因为他们力图使历史的车轮倒转。如果说他们是革命的，那是鉴于他们行将转入无产阶级的队伍，这样，他们就不是维护他们目前的利益，而是维护他们将来的利益，他们就离开自己原来的立场，而站到无产阶级的立场上来。

流氓无产阶级是旧社会最下层中消极的腐化的部分，他们在一些地方也被无产阶级革命卷到运动里来，但是，由于他们的整个生活状况，他们更甘心于被人收买，去干反动的勾当。

在无产阶级的生活条件中，旧社会的生活条件已经被消灭了。无产者是没有财产的；他们和妻子儿女的关系同资产阶级的家庭关系再没有任何共同之处了；现代的工业劳动，现代的资本压迫，无论在英国或法国，无论在美国或德国，都是一样的，都使无产者失去了任何民族性。法律、道德、宗教在他们看来全都是资产阶级偏见，隐藏在这些偏见后面的全都是资产阶级利益。

过去一切阶级在争得统治之后，总是使整个社会服从于它们发财致富的条件，企图以此来巩固它们已获得的生活地位。无产者只有废除自己的现存的占有方式，从而废除全部现存的占有方式，才能取得社会生产力。无产者没有什么自己的东西必须加以保护，他们必须摧毁至今保护和保障私有财产的一切。

过去的一切运动都是少数人的，或者为少数人谋利益的运动。无产阶级的运动是绝大多数人的，为绝大多数人谋利益的独立的运动。无产阶级，现今社会的最下层，如果不炸毁构成官方社会的整个上层，就不能抬起头来，挺起胸来。

如果不就内容而就形式来说，无产阶级反对资产阶级的斗争首先是一国范围内的斗争。每一个国家的无产阶级当然首先应该打倒本国的资产阶级。

在叙述无产阶级发展的最一般的阶段的时候，我们循序探讨了现存社会内部或多或少隐蔽着的国内战争，直到这个战争爆发为公开的革命，无产阶级用暴力推翻资产阶级而建立自己的统治。

我们已经看到，至今的一切社会都是建立在压迫阶级和被压迫阶级的对立之上的。但是，为了有可能压迫一个阶级，就必须保证这个阶级至少有能够勉强维持它的奴隶般的生存的条件。农奴曾经在农奴制度下挣扎到公社成员的地位，小资产者曾经在封建专制制度的束缚下挣扎到资产者的地位。现代的工人却相反，他们并不是随着工业的进步而上升，而是越来越降到本阶级的生存条件以下。工人变成赤贫者，贫困比人口和财富增长得还要快。由此可以明显地看出，资产阶级再不能做社会的统治阶级了，再不能把自己阶级的生存条件当做支配一切的规律强加于社会了。资产阶级不能统治下去了，因为它甚至不能保证自己的奴隶维持奴隶的生活，因为它不得不让自己的奴隶落到不能养活它反而要它来养活的地步。社会再不能在它统治下生存下去了，就是说，它的生存不再同社会相容了。

资产阶级生存和统治的根本条件，是财富在私人手里的积累，是资本的形成和增殖；资本的条件是雇佣劳动。雇佣劳动完全是建立在工人的自相竞争之上的。资产阶级无意中造成而又无力抵抗的工业进步，使工人通过结社而达到的革命联合代替了他们由于竞争而造成的分散状态。于是，随着大工业的发展，资产阶级赖以生产和占有产品的基础本身也就从它的脚下被挖掉了。它首先生产的是它自身的掘墓人。资产阶级的灭亡和无产阶级的胜利是同样不可避免的。

二、无产者和共产党人

共产党人同全体无产者的关系是怎样的呢？

共产党人不是同其他工人政党相对立的特殊政党。

他们没有任何同整个无产阶级的利益不同的利益。

他们不提出任何特殊的原则，用以塑造无产阶级的运动。

共产党人同其他无产阶级政党不同的地方只是：一方面，在无产者不同的民族的斗争中，共产党人强调和坚持整个无产阶级共同的不分民族的利益；另一方面，在无产阶级和资产阶级的斗争所经历的各个发展阶段上，共产党人始终代表整个运动的利益。

因此，在实践方面，共产党人是各国工人政党中最坚决的、始终起推动作用的部分；在理论方面，他们胜过其余无产阶级群众的地方在于他们了解无产阶级运动的条件、进程和一般结果。

共产党人的最近目的是和其他一切无产阶级政党的最近目的一样的：使无产阶级形成为阶级，推翻资产阶级的统治，由无产阶级夺取政权。

共产党人的理论原理，决不是以这个或那个世界改革家所发明或发现的思想、原则为根据的。

这些原理不过是现存的阶级斗争、我们眼前的历史运动的真实关系的一般表述。废除先前存在的所有制关系，并不是共产主义所独具的特征。

一切所有制关系都经历了经常的历史更替、经常的历史变更。

例如，法国革命废除了封建的所有制，代之以资产阶级的所有制。

共产主义的特征并不是要废除一般的所有制，而是要废除资产阶级的所有制。

但是，现代的资产阶级私有制是建立在阶级对立上面、建立在一些人对另一些人的剥削上面的产品生产和占有的最后而又最完备的表现。

从这个意义上说，共产党人可以把自己的理论概括为一句话：消灭私有制。

有人责备我们共产党人，说我们消灭个人挣得的、自己劳动得来的财产，要消灭构成个人的一切自由、活动和独立的基础的财产。

好一个劳动得来的、自己挣得的、自己赚来的财产！你们说的是资产阶级财产出现以前的那种小资产阶级的、小农的财产吗？那种财产用不着我们去消灭，工业的发展已经把它消灭了，而且每天都在消灭它。

或者，你们说的是现代的资产阶级的私有财产吧？

但是，难道雇佣劳动、无产者的劳动，会给无产者创造出财产来吗？没有的事。这种劳动所创造的是资本，即剥削雇佣劳动的财产，只有在不断产生出新的雇佣劳动来重新加以剥削的条件下才能增殖的财产。现今的这种财产是在资本和雇佣劳动的对立中运动的。让我们来看看这种对立的两个方面吧。

做一个资本家，这就是说，他在生产中不仅占有一种纯粹个人的地位，而且占有一种社会的地位。资本是集体的产物，它只有通过社会许多成员的共同活动，而且归根到底只有通过社会全体成员的共同活动，才能运动起来。

因此，资本不是一种个人力量，而是一种社会力量。

因此，把资本变为公共的、属于社会全体成员的财产，这并不是把个人财产变为社会财产。这里所改变的只是财产的社会性质。它将失掉它的阶级性质。

现在，我们来看看雇佣劳动。

雇佣劳动的平均价格是最低限度的工资，即工人为维持其工人的生活所必需的生活资料的数额。因此，雇佣工人靠自己的劳动所占有的东西，只够勉强维持他的生命的再生产。我们决不打算消灭这种供直接生命再生产用的劳动产品的个人占有，这种占有并不会留下任何剩余的东西使人们有可能支配别人的劳动。我们要消灭的只是这种占有的可怜的性质，在这种占有下，工人仅仅为增殖资本而活着，只有在统治阶级的利益需要他活着的时候才能活着。

在资产阶级社会里，活的劳动只是增殖已经积累起来的劳动的一种手段。在共产主义社会里，已经积累起来的劳动只是扩大、丰富和提高工人的生活的一种手段。

因此，在资产阶级社会里是过去支配现在，在共产主义社会里是现在支配过去。在资产阶级社会里，资本具有独立性和个性，而活动着的个人却没有独立性和个性。

而资产阶级却把消灭这种关系说成是消灭个性和自由！说对了。的确，正是要消灭资产者的个性、独立性和自由。

在现今的资产阶级生产关系的范围内，所谓自由就是自由贸易、自由买卖。

但是，买卖一消失，自由买卖也就会消失。关于自由买卖的言论，也像我们的资产者的其他一切关于自由的大话一样，仅仅对于不自由的买卖来说，对于中世纪被奴役的市民来说，才是有意义的，而对于共产主义要消灭买卖、消灭资产阶级生产关系和资产阶级本身这一点来说，却是毫无意义的。

我们要消灭私有制，你们就惊慌起来。但是，在你们的现存社会里，私有财产对十分之九的成员来说已经被消灭了；这种私有制之所以存在，正是因为私有财产对十分之九的成员来说已经不存在。可见，你们责备我们，是说我们要消灭那种以社会上的绝大多数人没有财产为必要条件的所有制。

总而言之，你们责备我们，是说我们要消灭你们的那种所有制。的确，我们是要这样做的。

从劳动不再能变为资本、货币、地租，一句话，不再能变为可以垄断的社会力量的时候起，就是说，从个人财产不再能变为资产阶级财产的时候起，你们说，个性被消灭了。

由此可见，你们是承认，你们所理解的个性，不外是资产者、资产阶级私有者。这样的个性确实应当被消灭。

共产主义并不剥夺任何人占有社会产品的权力,它只剥夺利用这种占有去奴役他人劳动的权力。

有人反驳说,私有制一消灭,一切活动就会停止,懒惰之风就会兴起。

这样说来,资产阶级社会早就应该因懒惰而灭亡了,因为在这个社会里劳者不获,获者不劳。所有这些顾虑,都可以归结为这样一个同义反复:一旦没有资本,也就不再有雇佣劳动了。

所有这些对共产主义的物质产品的占有方式和生产方式的责备,也被扩展到精神产品的占有和生产方面。正如阶级的所有制的终止在资产者看来是生产本身的终止一样,阶级的教育的终止在他们看来就等于一切教育的终止。

资产者唯恐失去的那种教育,对绝大多数人来说是把人训练成机器。

但是,你们既然用你们资产阶级关于自由、教育、法等等的观念来衡量废除资产阶级所有制的主张,那就请你们不要同我们争论了。你们的观念本身是资产阶级的生产关系和所有制关系的产物,正像你们的法不过是被奉为法律的你们这个阶级的意志一样,而这种意志的内容是由你们这个阶级的物质生活条件来决定的。

你们的利己观念使你们把自己的生产关系和所有制关系从历史的、在生产过程中是暂时的关系变成永恒的自然规律和理性规律,这种利己观念是你们和一切灭亡了的统治阶级所共有的。谈到古代所有制的时候你们所能理解的,谈到封建所有制的时候你们所能理解的,一谈到资产阶级所有制你们就再也不能理解了。

消灭家庭!连极端的激进派也对共产党人的这种可耻的意图表示愤慨。

现代的、资产阶级的家庭是建立在什么基础上的呢?是建立在资本上面,建立在私人发财上面的。这种家庭只是在资产阶级那里才以充分发展的形式存在着,而无产者的被迫独居和公开的卖淫则是它的补充。

资产者的家庭自然会随着它的这种补充的消失而消失,两者都要随着资本的消失而消失。

你们是责备我们要消灭父母对子女的剥削吗?我们承认这种罪状。

但是,你们说,我们用社会教育代替家庭教育,就是要消灭人们最亲密的关系。

而你们的教育不也是由社会决定的吗?不也是由你们进行教育时所处的那种社会关系决定的吗?不也是由社会通过学校等等进行的直接的或间接的干涉决定的吗?共产党人并没有发明社会对教育的作用;他们仅仅是要改变这种作用的性质,要使教育摆脱统治阶级的影响。

无产者的一切家庭联系越是由于大工业的发展而被破坏,他们的子女越是由于这种发展而被变成单纯的商品和劳动工具,资产阶级关于家庭和教育、关于父母和子女的亲密关系的空话就越是令人作呕。

但是，你们共产党人是要实行公妻制的啊。整个资产阶级异口同声地向我们这样叫喊。

资产者是把自己的妻子看做单纯的生产工具的。他们听说生产工具将要公共使用，自然就不能不想到妇女也会遭到同样的命运。

他们想也没有想到，问题正在于使妇女不再处于单纯生产工具的地位。

其实，我们的资产者装得道貌岸然，对所谓的共产党人的正式公妻制表示惊讶，那是再可笑不过了。公妻制无需共产党人来实行，它差不多是一向就有的。

我们的资产者不以他们的无产者的妻子和女儿受他们支配为满足，正式的卖淫更不必说了，他们还以互相诱奸妻子为最大的享乐。

资产阶级的婚姻实际上是公妻制。人们至多只能责备共产党人，说他们想用正式的、公开的公妻制来代替伪善地掩蔽着的公妻制。其实，不言而喻，随着现在的生产关系的消灭，从这种关系中产生的公妻制，即正式的和非正式的卖淫，也就消失了。

有人还责备共产党人，说他们要取消祖国，取消民族。

工人没有祖国。决不能剥夺他们所没有的东西。因为无产阶级首先必须取得政治统治，上升为民族的阶级，把自身组织成为民族，所以它本身还是民族的，虽然完全不是资产阶级所理解的那种意思。

随着资产阶级的发展，随着贸易自由的实现和世界市场的建立,随着工业生产以及与之相适应的生活条件的趋于一致,各国人民之间的民族分隔和对立日益消失。

无产阶级的统治将使它们更快地消失。联合的行动,至少是各文明国家的联合的行动,是无产阶级获得解放的首要条件之一。

人对人的剥削一消灭,民族对民族的剥削就会随之消灭。

民族内部的阶级对立一消失,民族之间的敌对关系就会随之消失。

从宗教的、哲学的和一切意识形态的观点对共产主义提出的种种责难,都不值得详细讨论了。

人们的观念、观点和概念,一句话,人们的意识,随着人们的生活条件、人们的社会关系、人们的社会存在的改变而改变,这难道需要经过深思才能了解吗?

思想的历史除了证明精神生产随着物质生产的改造而改造,还证明了什么呢?任何一个时代的统治思想始终都不过是统治阶级的思想。

当人们谈到使整个社会革命化的思想时,他们只是表明了一个事实:在旧社会内部已经形成了新社会的因素,旧思想的瓦解是同旧生活条件的瓦解步调一致的。

当古代世界走向灭亡的时候,古代的各种宗教就被基督教战胜了。当基督教思想在18世纪被启蒙思想击败的时候,封建社会正在同当时革命的资产阶级进行殊死的斗争。信仰自由和宗教自由的思想,不过表明自由竞争在信仰领域里占统治地位罢了。

"但是",有人会说,"宗教的、道德的、哲学的、政治的、法的观念等等在历史发展的进程中固然是不断改变的,而宗教、道德、哲学、政治和法在这种变化中却始终保存着。

此外,还存在着一切社会状态所共有的永恒真理,如自由、正义等等。但是共产主义要废除永恒真理,它要废除宗教、道德,而不是加以革新,所以共产主义是同至今的全部历史发展相矛盾的。"

这种责难归结为什么呢?至今的一切社会的历史都是在阶级对立中运动的,而这种对立在不同的时代具有不同的形式。

但是,不管阶级对立具有什么样的形式,社会上一部分人对另一部分人的剥削却是过去各个世纪所共有的事实。因此,毫不奇怪,各个世纪的社会意识,尽管形形色色、千差万别,总是在某些共同的形式中运动的,这些形式,这些意识形式,只有当阶级对立完全消失的时候才会完全消失。

共产主义革命就是同传统的所有制关系实行最彻底的决裂;毫不奇怪,它在自己的发展进程中要同传统的观念实行最彻底的决裂。

不过,我们还是把资产阶级对共产主义的种种责难撇开吧。

前面我们已经看到,工人革命的第一步就是使无产阶级上升为统治阶级,争得民主。

无产阶级将利用自己的政治统治,一步一步地夺取资产阶级的全部资本,把一切生产工具集中在国家即组织成为统治阶级的无产阶级手里,并且尽可能快地增加生产力的总量。

要做到这一点,当然首先必须对所有权和资产阶级生产关系实行强制性的干涉，也就是采取这样一些措施，这些措施在经济上似乎是不够充分的和无法持续的，但是在运动进程中它们会越出本身，而且作为变革全部生产方式的手段是必不可少的。

这些措施在不同的国家里当然会是不同的。

但是，最先进的国家几乎都可以采取下面的措施：

1. 剥夺地产，把地租用于国家支出。

2. 征收高额累进税。

3. 废除继承权。

4. 没收一切流亡分子和叛乱分子的财产。

5. 通过拥有国家资本和独享垄断权的国家银行，把信贷集中在国家手里。

6. 把全部运输业集中在国家手里。

7. 按照共同的计划增加国家工厂和生产工具，开垦荒地和改良土壤。

8. 实行普遍劳动义务制，成立产业军，特别是在农业方面。

9. 把农业和工业结合起来，促使城乡对立逐步消灭。

10. 对所有儿童实行公共的和免费的教育。取消现在这种形式的儿童的工厂劳动。把教育同物质生产结合起来，等等。

当阶级差别在发展进程中已经消失而全部生产集中在联合起来的个人的手里的时候，公共权力就失去政治性质。原来意义上的政治权力，是一个阶级用以压迫另一个阶级的有组织的暴力。如果说无产阶级在反对资产阶级的斗争中一定要联合为阶级，通过革命使自己成为统治阶级，并以统治阶级的资格用暴力消灭旧的生产关系,那么它在消灭这种生产关系的同时,也就消灭了阶级对立的存在条件,消灭了阶级本身的存在条件,从而消灭了它自己这个阶级的统治。

代替那存在着阶级和阶级对立的资产阶级旧社会的,将是这样一个联合体,在那里,每个人的自由发展是一切人的自由发展的条件。

三、社会主义的和共产主义的文献(略)

四、共产党人对各种反对党派的态度

看过第二章之后,就可以了解共产党人同已经形成的工人政党的关系,因而也就可以了解他们同英国宪章派和北美土地改革派的关系。

共产党人为工人阶级的最近的目的和利益而斗争,但是他们在当前的运动中同时代表运动的未来。在法国,共产党人同社会主义民主党联合起来反对保守的和激进的资产阶级,但是并不因此放弃对那些从革命的传统中承袭下来的空谈和幻想采取批判态度的权利。

在瑞士,共产党人支持激进派,但是并不忽略这个政党是由互相矛盾的分子组成的,其中一部分是法国式的民主社会主义者,一部分是激进的资产者。

在波兰人中间,共产党人支持那个把土地革命当做民族解放的条件的政党,即发动过1846年克拉科夫起义的政党。

在德国，只要资产阶级采取革命的行动，共产党就同它一起去反对专制君主制、封建土地所有制和小资产阶级。

但是，共产党一分钟也不忽略教育工人尽可能明确地意识到资产阶级和无产阶级的敌对的对立，以便德国工人能够立刻利用资产阶级统治所必然带来的社会的和政治的条件作为反对资产阶级的武器，以便在推翻德国的反动阶级之后立即开始反对资产阶级本身的斗争。

共产党人把自己的主要注意力集中在德国，因为德国正处在资产阶级革命的前夜，因为同17世纪的英国和18世纪的法国相比，德国将在整个欧洲文明更进步的条件下，拥有发展得多的无产阶级去实现这个变革，因而德国的资产阶级革命只能是无产阶级革命的直接序幕。

总之，共产党人到处都支持一切反对现存的社会制度和政治制度的革命运动。

在所有这些运动中，他们都强调所有制问题是运动的基本问题，不管这个问题的发展程度怎样。

最后，共产党人到处都努力争取全世界民主政党之间的团结和协调。

共产党人不屑于隐瞒自己的观点和意图。他们公开宣布：他们的目的只有用暴力推翻全部现存的社会制度才能达到。让统治阶级在共产主义革命面前发抖吧。无产者在这个革命中失去的只是锁链。他们获得的将是整个世界。

全世界无产者，联合起来！

《共产党宣言》传播年表

1847年6月

在共产主义者同盟第一次代表大会期间，恩格斯为同盟起草了第一个纲领稿本，即《共产主义信条草案》。

1847年10月底—11月

恩格斯受共产主义者同盟巴黎区部的委托，在《共产主义信条草案》的基础上写出新的纲领草案《共产主义原理》。

1847年12月—1848年1月底

马克思、恩格斯受共产主义者同盟第二次代表大会委托，共同为同盟起草纲领，即《共产党宣言》(德文)。

1848年2月

英国伦敦的德意志工人教育协会印刷所首次刊印《共产党宣言》德文全文单行本。全书共23页，封面为绿色，镶有花边，没有作者署名。

1848年4—5月

德文再版30页本在伦敦刊行，成为后来各版本的基础。

1848 年 6 月

法文版在巴黎首次刊行。

1848 年底

瑞典文版在斯德哥尔摩首次刊行。

1850 年

首个英译本在伦敦的英国宪章派机关刊物《红色共和党人》上发表,译者是海伦·麦克法林女士,编辑乔·哈尼在序言中首次指明作者是马克思和恩格斯。

1869 年

巴枯宁翻译的俄文版在日内瓦由赫尔岑办的《钟声》印刷所首次刊行。

1871 年

三种不同版本的英译本在美国出版。

1872年1—2月

根据麦克法林英译本转译的法文版在纽约的法文《社会主义者报》上发表。

1872年6月

新的德文版在莱比锡出版。马克思、恩格斯为该版本题写了序言。这一版以及后来出版的1883年和1890年德文版，书名改用《共产主义宣言》。

1882年

普列汉诺夫翻译的俄文版在日内瓦刊行，纠正了巴枯宁版本中的很多错误。马克思、恩格斯为该版本题写了序言。

1883年

以1872年德文版为蓝本的波兰文版在日内瓦出版。

新的德文版在霍廷根—苏黎世出版。此时，马克思已经去世，恩格斯独自为该版本题写了序言。

1885 年

新的丹麦文版在哥本哈根作为《社会民主主义丛书》的一种出版。这一版本删去了一些重要的内容,因而不够完备;有些译文也不太确切。

劳·拉法格翻译的法文译本于8月29日—11月7日刊载在巴黎的工人党机关报《社会主义者报》上。恩格斯认为这是到当时为止最好的译文。这一译本以后又作为附录收入1886年在巴黎出版的梅尔麦所著的《社会主义法国》。

1886 年

根据1885年法文版转译的西班牙文版首次发表在马德里的西班牙社会主义工人党的中央机关报《社会主义者报》上。接着又出版了单行本。

1888 年

塞米尔·穆尔翻译的英文正式单行本在伦敦出版。恩格斯题写序言、亲自校订译文并添加重要注释。

1892 年

新的波兰文版由波兰社会党人的《黎明》杂志出版社在伦敦出版。

1893 年

意大利文单行本由社会党理论刊物《社会评论》杂志社在米兰出版,恩格斯题写序言。

1899 年

由英国传教士李提摩太根据英国社会学家本杰明·颉德(BenjaminKidd,今译基德)的《社会进化》一书节译、蔡尔康所撰的《大同学》一文部分章节,在上海基督教广学会主办的《万国公报》上发表,首次以中文介绍马克思并援引《共产党宣言》的内容。

1903 年

日本的福井准造著、赵必振翻译的《近世社会主义》在上海出版,书中援引了《共产党宣言》。

1905 年

朱执信(署名蛰伸)在《民报》第 2 号上发表《德意志社会革命家小传》一文,第一次简要介绍《共产党宣言》的写作背景、基本思想和历史意义,并节译部分《共产党宣言》,包括第二章中的十条纲领。

1906 年

日译版全文由堺利彦在东京出版的《社会主义研究》期刊上发表。

宋教仁在《民报》第 5 号上发表《万国社会党大会略史》,把《共产党宣言》视为"平民的武器"。

叶夏声在《民报》第 9 号上发表《无政府党与革命党之说明》一文,把革命党的社会主义和无政府主义区分开来,同时援引《共产党宣言》中的十条纲领,以说明社会主义之说并非乌托邦。

1907 年

《天义报》第 13—14 期合刊发表的《女子革命与经济革命》一文,译载了《共产党宣言》中批判资产阶级婚姻制度的内容。

1908 年

刘师培等留日学生在东京创办的《天义报》第 15 期刊登由民鸣翻译的恩格斯于 1888 年替《共产党宣言》英文版写的序言,第 16—19 期合刊登载《共产党宣言》正文第一章全文。

东京留日学生创办的《夏声》杂志连载的《二十世纪之新思潮》一文,对《共产党宣言》和《资本论》作介绍。

1912 年 6 月

中国社会党绍兴支部机关刊物《世界》第 2 期刊登朱执信(署名蛰伸)翻译、日本作家煮尘重治所著《社会主义大家马尔克之学说》一文,对《共产党宣言》作了概要介绍,译载了《共产党宣言》中的十条纲领,重点介绍阶级斗争与十条纲领。

1919 年

五四运动爆发前,李大钊、陈独秀主编的《每周评论》第 16 号"名著"专栏刊登成舍我节译的《共产党宣言》第二章的最后部分及十条纲领全文。

《新青年》第 6 卷第 5 号转载渊泉翻译、河上肇所著《马克思的唯物史观》一文，摘要介绍了《共产党宣言》第一章，并引用了几段著名的论述。

李大钊在《新青年》第 6 卷第 5、6 号上发表《我的马克思主义观》，节译《共产党宣言》的部分内容。

北京大学经济系学生李泽彰根据英文版译出《共产党宣言》全文，题为《马克思和恩格斯共产党宣言》。11 月，在《国民》杂志第 2 卷第 1 号上发表了第一章，后为胡适劝阻，撤回译文，没有再刊登。

年底，北京大学学生罗章龙节译的油印本开始流传。

1920 年

陈望道在浙江义乌，参照英文版，将日文版《共产党宣言》全译为中文。8 月，中文版《共产党宣言》以"社会主义研究小丛书第一种"的形式，由社会主义研究社在上海初版刊行。这一版本只有正文，没有序言。由于译音的缘故，作者被译为"马格斯、安格尔斯"，书名也因排字工的疏忽，被印成"共党产宣言"。全书采用竖排版，小 32 开，封面印有马克思半身坐像。9 月，该社再版，纠正了初版封面的书名错误。此后不断再版，到 1926 年已印行了 17 版。

李大钊在北京秘密组织发起马克思学说研究会,研究会学习的书籍包括陈望道翻译的《共产党宣言》和研究会员根据德文版翻译的版本。

蔡和森在留学法国期间根据法文版译出《共产党宣言》全文,并将译稿在留学生中传阅学习。

1921 年

马克思学说研究会创办劳动补习学校,引导工人学习《共产党宣言》和《共产党》月刊,宣讲工人成立政党的道理。

周恩来等在巴黎成立社会主义青年团,次年成为中国共产党旅欧支部,并从国内运来《共产党宣言》、《向导》等刊物在留学生中传播。

1923 年

苏共中央马克思恩格斯研究院编辑出版普列汉诺夫翻译的《共产党宣言》注释本,梁赞诺夫作序及注释。

1929—1936 年

《共产党宣言》是被国民党政府查禁的书籍之一。

1930 年

上海华兴书局(署名"上海中外社会科学研究社")出版华岗根据恩格斯亲自校阅的 1888 年英文版译成的《共产党宣言》。这一版本为中英对照本,首次翻译了 1872 年、1883 年、1890 年三个德文版的序言,第一次准确地译出"全世界无产阶级联合起来!"

1938 年 8 月

延安解放社出版成仿吾、徐冰根据德文版翻译的《共产党宣言》。这是我国首次根据德文原文翻译出的《共产党宣言》译本。

1939 年

苏共中央马克思恩格斯列宁研究院出版新的俄文版。新译本的正文在直接采用列宁的《共产党宣言》译本的同时,也对沃罗夫斯基和普列汉诺夫的译本进行了参考。此外,马克思、恩格斯为各版《共产党宣言》写的序言被全部刊载在新的俄文版中。同时,出版《共产党宣言》德俄文对照版。

1943年

博古在成仿吾、徐冰译本的基础上，参照1939年俄文版加以校订，作了较多修改，并且新译了1882年俄文版序言。8月，延安解放社出版了博古的校正新译本，并在各根据地发行，成为中华人民共和国成立以前流传最广、印行最多、影响最大的中译本。

陈瘦石翻译洛克斯、霍德所著英文版《比较经济制度》，《共产党宣言》为其附录之一，该书由商务印书馆9月印行出版。后来该《共产党宣言》译本也出版了单行本，是国民党统治区合法出版的唯一版本。

1947年11月

香港中国出版社刊行乔冠华根据英文版校订的译本，该译本以成仿吾、徐冰译本为基础。

1948年

苏共中央马克思恩格斯列宁研究院以1939年俄文版为依据，在进一步整理和核订的基础上推出《共产党宣言》100周年纪念俄文版，由苏联国家政治文献出版社在莫斯科出版。

在莫斯科苏联外国文书籍出版局工作的几位中国同志，根据1948年德文原版，将《共产党宣言》全文和马克思、恩格斯前后为此书写的全部七篇序言译成中文，作为《共产党宣言》"百周年纪念版"（中文），由苏联外国文书籍出版局出版。

1953年

为纪念马克思诞辰135周年，中国人民大学出版了由成仿吾重校的《共产党宣言》纪念版。

1954—1955年

莫斯科苏联外国文书籍出版局对《共产党宣言》及其七篇序言进行重新校对，收入该局出版的《马克思恩格斯文选》（两卷集，中文版）。

1958年

中央编译局在《马克思恩格斯文选》（两卷集，中文版，莫斯科苏联外国文书籍出版局1954—1955年出版）所收的《共产党宣言》"百周年纪念版"译文基础上，集体校订了《共产党宣言》的中译文，由唯真定稿，编入《马克思恩格斯全集》中文第一版第四卷，由人民出版社出版。接着又于1959年出版了包括七篇序言在内的单行本。

11月，文字改革出版社出版《共产党宣言》注音本，全书用汉语拼音逐行对照。

1964年

中央编译局在《马克思恩格斯全集》中文版第四卷中《共产党宣言》译文的基础上，根据《共产党宣言》1959年德文版，参照经过恩格斯审阅过的英文版和法文版，对《共产党宣言》的中译文重新作校订，由人民出版社出版。后收入人民出版社在1972年出版的《马克思恩格斯选集》中文第一版第一卷中。

1971年5月

中国盲文出版社出版《共产党宣言》盲文版。

1971年10至12月

先后以藏文、蒙古文、朝鲜文、维吾尔文、哈萨克文这五种少数民族文字出版《共产党宣言》少数民族文字版。

1973 年 9 月

新疆人民出版社出版维吾尔文新文字版。

1974 年 9 月

出版哈萨克新文字版。

1975 年 8 月

出版托忒蒙古文版。

1978 年

人民出版社出版成仿吾根据德文版重新校译的《共产党宣言》中文版。

1995 年

人民出版社出版由中央编译局重新编辑的《马克思恩格斯选集》中文第二版，包括《共产党宣言》在内的所有文章都经过了重新校订。1997 年 8 月，人民出版社将 1995 年版的《共产党宣言》新译文出版单行本。